D1728169

Geest - Verlag

Die Deutsche Bibliothek – CIP Einheitsaufnahme

Fremd und doch daheim?! – Kinder und Jugendliche zwischen den Kulturen
Friederike Köster, Artur Nickel (Hg.)
Vechta: Geest-Verlag, Vechta-Langförden 2005

© 2005 Geest, Vechta, Lernwelt Essen
Verlag: Geest-Verlag, Lange Straße 41a, 49377 Vechta-Langförden

Herausgeber: Friederike Köster (Lernwelt Essen), Artur Nickel
Redaktion/ Lektorat: Artur Nickel, Friederike Köster, Sabine Schnick

Druck: Geest-Verlag
Alle Rechte vorbehalten

ISBN 3-937844-99-6

Printed in Germany

(Hg.) Friederike Köster
Artur Nickel

Fremd und doch daheim?!

Kinder und Jugendliche
zwischen
den Kulturen

Ein Lesebuch der Lernwelt Essen

Inhaltsverzeichnis

3. Menschen bei uns

4. An den Schnittstellen der Kulturen

Vorwort

Liebe Leserinnen und Leser,

die meisten Menschen verbinden etwas mit dem Wort Heimat. Sie fühlen sich ihrer Familie oder Freunden besonders verbunden, einer bestimmten Stadt, einem Land oder auch einer Kultur. Die Menschen und Orte sind vertraut und gehören zum Alltag dazu.

Viele Menschen müssen ihre Heimat jedoch verlassen. Sei es aus beruflichen Gründen, weil sie studieren, heiraten oder auch weil sie vor Krieg und Verfolgung flüchten. Dann ziehen sie und ihre Kinder um in eine andere Stadt oder ein anderes Land. Dabei lernen sie oft auch eine ganz andere Kultur kennen.

Inzwischen leben wir in Deutschland mit vielen multikulturellen Nachbarn zusammen. Doch wissen wir, wie sich diese Menschen nach einer solchen Veränderung in einer deutschen Stadt einleben, wie sie die zunächst fremde neue Heimat erleben oder wie sie Freundschaften mit den Menschen der anderen Kultur empfinden? Ob es ihnen gelingt, die Fremdheit zu überwinden? Oder wie die Kinder Heimat empfinden, deren Eltern einer anderen Kultur angehören?

Die Entscheidung zum Ortswechsel wird in der Regel von Erwachsenen getroffen. Aber wie ergeht es den Kindern und Jugendlichen in der neuen Umgebung? In dem Buch "Fremd und doch daheim" kommen Kinder und Jugendliche aus Essen zu Wort. Sie erzählen vom Alltag in ihrer Heimatstadt, von ihrer Kultur, neuen Freunden, kulturellen Bräuchen und manchmal auch vom sehnsüchtigen Verlust.

Ich wünsche Ihnen viel Neugier und viel Spaß beim Lesen.

Ihre

M. Beck

Marieluise Beck
Beauftragte der Bundesregierung
für Migration, Flüchtlinge und Integration

Einführung

Entstanden ist das vorliegende Buch aus einem Schreibwettbewerb zum Thema *fremd und doch daheim*, den die KulturLernwelt Essen gemeinsam mit dem Geest – Verlag aus Vechta im Frühjahr 2005 durchgeführt hat. Kinder und Jugendliche im Alter von etwa zehn bis zwanzig Jahren, die in Essen leben, wurden aufgefordert aufzuschreiben, wie sie sich fühlen und wie es ihnen in „ihrer" Stadt geht. Das Projekt richtete sich an diejenigen, die erst im Laufe ihres Lebens nach Essen gezogen sind, wie an die, die schon immer dort wohnen. Sie alle sollten berichten von ihren Erfahrungen in der Familie, unter Freunden, in der Schule, auf der Straße, wo auch immer. Die besten Texte liegen nun gesammelt in dieser Anthologie vor. Sie sind in der Tat eindrücklich, sie sprechen für sich. Und: sie setzen Zeichen. Für die Jugendlichen selbst. Für ihr Umfeld. Für Essen und vielleicht auch darüber hinaus. Jeder auf seine Weise.

Fremd und doch daheim gliedert sich in acht Kapitel. Das erste enthält Texte, in denen die jungen Autorinnen und Autoren ihre Stadt beschreiben. Im zweiten steht nicht mehr die Stadt selbst im Mittelpunkt, sondern vielmehr das, was sie für diejenigen bedeutet, die andere Städte und Länder kennen gelernt haben. Im dritten stellen Jugendliche, die nach Deutschland eingewandert sind, ihre Kultur der gegenüber, der sie in Essen begegnen. Im vierten geht es um das, was passieren kann, wenn Menschen unterschiedlicher Kulturen aufeinandertreffen, die noch kein sicheres inneres Fundament gefunden haben. Das fünfte zeigt auf, dass die Frage, ob man sich in Essen fremd oder daheim fühlt, eine ist, die jeden betrifft und die auch dramatische Formen annehmen kann. Im Anschluss daran dokumentieren Kinder und Jugendliche, wie sie in ihrer Stadt versuchen, ihren persönlichen „Standort" zu gewinnen und ihr Leben zu gestalten. Das siebte enthält Beiträge, die zum Teil bereits mit einer gewissen „literarischen Qualität" über die Erfahrung des Fremdseins Auskunft geben. Das letzte schließlich thematisiert das, was allen Kindern und Jugendlichen am Herzen liegt: die Erfahrung von echter Freundschaft und Partnerschaft in ihrem Leben. Die Nachgedanken am Ende enthalten eine erste Auswertung der gesammelten Texte, sie runden die Anthologie ab.

Fremd und doch daheim ist ein Buch, das Signalwirkung hat. Es kann etwas bewegen. Und das nicht nur in Essen. Dazu muss es jedoch ernst genommen werden. Von denen, die konkret mit Kindern und Jugendlichen zu tun haben, wie auch von denen, die für sie in Politik und Gesellschaft Verantwortung tragen!

Friederike Köster
Artur Nickel

1. Meine Stadt

Die Stadt der Gegensätze

Du kommst nach Essen
Du siehst große Straßen
Die von graugrämigen Häusern gesäumt sind
Du siehst hupende Autos
Die wie Fischschwärme durch die Stadt flitzen
Du siehst tausende Geschäfte
Die nur darauf warten entdeckt zu werden
Du siehst zerfetzte Werbeplakate
Die an den dunklen Wänden herunterhängen
      Lärm und Langeweile

Aber du guckst dich um
Und entdeckst abgelegene Stellen
Die im warmen Sonnenschein glänzen
Du erfreust dich an Wiesen
Welche vom Blumenmeer fast erdrückt werden
Und betrachtest die Wälder
In denen blühende Bäume ihre Lieder singen
Du schaust lachenden Kindern zu
Und lässt dich von ihrem Glück anstecken
      Freude und Frieden

Gerade dies ist so schön an Essen
Groß und laut und doch leise
Bekannt und beliebt und doch unentdeckt
Dicht bewohnt und befahren und doch still
Bebaut und besiedelt und doch leer
Das ist wirklich großartig

Annika Conrad (14 Jahre)

Ich wohne übrigens in Essen

Mein Leben ist jeden Tag gleich. Oder? Na ja.... Nicht immer! Eigentlich nie. Fangen wir mal mit einem ganz normalen Tag an. Aufstehen. Anziehen. Zähne putzen. Frühstücken. Noch schnell Sachen für die Schule packen. Schokoticket und Hausschlüssel einstecken. Und los in die Schule. Mit der Bahn. Das finde ich toll in den Städten, dass man nicht zu Fuß gehen muss. Wenn mein Vater mal erzählt, wie lange er früher laufen musste .... .Tja, und dann geht der schnarchlangweilige Unterricht los. Davor gebe ich meinen Freundinnen noch Briefe oder bekomme selber welche, die ich dann in Mathe lesen kann. Wenn dies nicht der Fall ist, zeichne ich auf meinen Block oder mache heimlich Blasen mit meinem Kaugummi. In den Pausen stehe ich bei meinen Freundinnen und lästere einfach ein bisschen. (...)
In der Stadt zu leben? Oh je! Es ist fast nie ruhig, immer der Verkehr und die vielen Baustellen. Wie zum Beispiel jetzt an unserer Schule. Wenn ich hier durch manche Straßen gehe, fühle ich mich beengt. Wegen der vielen Hochhäuser. Auf dem Land ist es nicht so. Ich finde es toll auf dem Land. Man kann auf den Feldern spielen oder auch Baumhäuser bauen. Ich weiß das, denn mein Vater kommt vom Land, und manchmal besuchen wir dort seine Verwandten. Die schlimmste Kreuzung in Essen ist, finde ich, die Helenenstraße. Also die Haltestelle.

Dort wohnt meine Freundin, und wenn ich zu ihr will, muss ich dort aussteigen. Nicht selten höre ich da viele hupen, Reifen quietschen, und ich sehe Leute (die ich eher Verrückte nenne) über die halbe Kreuzung rennen, um nicht zehn Minuten auf die nächste Bahn warten zu müssen. Letztens ist ja mal wieder so ein Unfall passiert, und der, der keine Lust hatte zu warten, ist jetzt tot.

Also, hier geht es sehr chaotisch zu in Essen. Ich habe Angst, dass mich mal jemand anfährt oder dass ein Anschlag auf Essen verübt wird. Aber ich bin hier aufgewachsen, und ich will hier nicht weg. Vielleicht später einmal, wenn ich älter bin. Aber jetzt nicht!

Marion Drewski (13 Jahre)

Daheim !

Ich fühle mich richtig gut,
und das macht mir sehr viel Mut.
Ich bin gerade bei mir daheim,
hier bin ich niemals allein.
Denn mein Bruder ist immer für mich da,
und auch meine Eltern stehen mir sehr nah.
Wenn ich reden will, kann ich es tun
oder auch einmal ´ne Stunde ruh ´n.
Hier kann ich machen, was ich will,
ob nun laut oder still.
Meine Freunde gehen hier ein und aus,
so schön ist es, mein großes Traumhaus.
Die Liebe ist hier drin verbreitet,
sie wird von mir persönlich geleitet.
Mir ist hier einfach alles bekannt,
viel schöner als in einem fremden Land.
Niemals würde ich von hier gehen,
lieber würde ich mitten im Feuer stehen.

Janine Gottschalk (16 Jahre)

meine stadt

ein ort mit viel land und leuten
eine möglichkeit zu leben für jedermann
von vielen noch nicht erkannt
doch ist es meine stadt, in der
ich lebe

ein ort mit viel kultur und leben
eine chance anderes kennen zu lernen
auch wenn man alleine wohnt
doch ist es meine stadt, in der
ich mich wohl fühle

ein ort, der nicht gut behandelt wird
fast selbstverständlich wird er verschmutzt
und alle sehen darüber hinweg
doch ist es meine stadt für die
ich mich einsetze

ein ort, der viel zu bieten hat
auch für die, die es nicht wahrnehmen
und nichts damit anzufangen wissen
doch ist es meine stadt, die
ich schätze

Christian Schwartz (19 Jahre)

Hier möchte ich niemals wegziehen!

Mein Name ist Marvin Sunny Hill, ich wurde am 08.01.1990 im Elisabeth-Krankenhaus in Essen–Huttrop geboren. In Essen, im Stadtteil Steele, wohne ich jetzt schon fünfzehn Jahre lang. Woanders zu wohnen kann ich mir nicht vorstellen, da mir mein Umfeld hier in Steele sehr gut gefällt. Ich bin froh darüber, hier aufgewachsen zu sein, weil ich hier viele Freunde kennen gelernt habe. Meine besten Freunde sind Lisa und Dominik, die ich schon seit dem Kindergarten kenne.

Natürlich gibt es auch Leute, mit denen ich mich nicht so gut verstehe, da sie oft nicht einer Meinung mit mir sind oder sogar hinter meinem Rücken lästern. Doch das macht mir nichts aus, da ich genug Freunde habe, die zu mir halten.

Mit meiner Familie verstehe ich mich sehr gut. Bis auf ein paar kleine Streitigkeiten, die es aber, meiner Meinung nach, in jeder Familie gibt. Genauso wie mit ihr verstehe ich mich auch mit den Lehrern an meiner Schule Bärendelle sehr gut.

In meiner Umgebung gibt es viele Möglichkeiten für Jugendliche sich zu treffen, wie zum Beispiel das Walkabout, eine Billardhalle zehn Minuten von meiner Wohnung entfernt, oder das Regenbogenhaus, auch RBH genannt. Das ist ein Jugendhaus, von wo aus man mit einer Gruppe Jugendlicher ins Kino fahren kann, ebenfalls nur fünf Minuten von meiner

Wohnung entfernt. Da gehe ich gerne hin, weil man dort immer neue Leute kennen lernt.

In Steele habe ich die Erfahrung gemacht, dass die Leute immer freundlich miteinander umgehen. Durch Schlagerfestivals oder Bierfeste, die in Steele schon sehr berühmt sind, wird einem nie langweilig. Da ich Mitglied der Hillybillies bin, einer Band aus Steele, die manchmal auch an solchen Events teilnimmt, weiß ich, dass die Leute in Steele immer gut gelaunt sind und immer mit Stimmung dabei sind.

Steele ist meine Heimatstadt, und ich möchte hier niemals wegziehen.

Marvin Sunny Hill (15 Jahre)

Eigentlich gibt es hier nichts mehr von früher...

Als ich vor einigen Tagen mit einer Freundin so durch die Stadt schlenderte, schaute ich mir meine Stadt mal ganz anders an. Ich guckte nicht nur nach den Geschäften und nach den Leuten, die so in den Straßen herumliefen, sondern versuchte mir mal vorzustellen, wie es früher in Essen ausgesehen haben könnte. Eigentlich fühle ich mich in Essen wohl, aber mit der Zeit wird die Stadt immer langweiliger. Immer dieselben Läden, die immer dasselbe anbieten. Immer mehr Ramschläden, die auf die Dauer ziemlich öde sein können.
Weil ich mir nicht wirklich vorstellen konnte, wie es früher in Essen ausgesehen hat, ging ich meine Oma besuchen, um sie zu fragen. Sie erzählte mir alles haargenau. Ich erfuhr, dass früher über die Kettwiger Straße eine Straßenbahn fuhr und dass außer der Lichtburg und dem Handelshof nichts so ist, wie es früher einmal war. Für meine Oma gibt es eigentlich nichts mehr in Essen, was sie von früher her kennt. Jedes Mal sagt sie, wie verloren sie sich in dieser Stadt fühlt. Ich musste darüber nachdenken, ob es mir, wenn ich in Essen wohnen bleibe, in sechzig Jahren auch so ergeht.
Wenn man es sich so genau überlegt, ist Essen eine Stadt, die nicht mehr viel zu bieten hat. Trotzdem gibt die Stadt mir eine Art von Sicherheit und Geborgenheit. Hier bin ich zu Hause. Aber ob ich wie

meine Oma mit achtzig Jahren noch hier leben werde, weiß ich nicht.

Kerstin Wüsten (17 Jahre)

Ich finde unsere Stadt nicht schön

Ich wurde zwar in Essen geboren, doch finde ich unsere Stadt nicht schön. Es gibt hier zu viel Umweltverschmutzung. Mich stört es, dass hier sehr viel Müll in alle Ecken gestreut wird. Und es ist nicht schön, dass an dem Hauptbahnhof so viele Leute mit Alkohol und Zigaretten herumstehen.

Auch in Steele, dem Stadtteil, in dem ich wohne, gibt es viele Bettler. Aber am meisten stören mich die vielen Autos, LKWs und Busse, die die Luft durch ihre Abgase verpesten. Manchmal kommt es mir so vor, als wenn es egal wäre, wo man hingeht ...: überall wird man von komischen Menschen doof angemacht.

Ich würde gerne auf dem Land wohnen, weil die Luft da besser ist. Am besten würde es mir auf einem Bauernhof gefallen, denn dort hat man immer frische Luft, eine herrliche Natur und nette Menschen um einen herum, die hilfsbereit sind und füreinander einstehen.

Karina Schneider (17 Jahre)

2. Was ich an meiner Stadt habe

November 2004

Liebes Tagebuch,

meine Freundin hat mir heute superschöne Dinge über ihre Heimat Sri Lanka erzählt. Das soll ein echtes Paradies sein. Ich wäre auch so gerne dort. Da kann man sich an den Strand legen, schwimmen gehen oder einfach nur die Sonne genießen.

Dezember 2004

Liebes Tagebuch,

ich bin so froh, dass ich jetzt hier in Essen bin. Denn ich habe eine ganz schlimme Nachricht gehört. In verschiedenen Teilen Asiens hat heute eine Flutwelle alles zerstört. Abertausende Menschen sind ums Leben gekommen. Hoffentlich ist meine Freundin mit ihrer Familie nicht dort! Ich habe mich nicht getraut, sie anzurufen. Denn wenn wirklich ... . Ich kann es kaum schreiben. Denn wenn wirklich jemand von ihnen ums Leben gekommen ist, ... hoffentlich nicht!!!

Januar 2005

Liebes Tagebuch,

nachdem ich meiner Freundin einen Brief geschrieben habe, hat sie mir geantwortet. Ihr und ihrer Familie ist zum Glück nichts passiert. Ich bin so froh, dass wir jetzt alle hier in Essen sind. Denn wir haben genug Geld, genug zu essen und genug zu trinken. Ich bin froh, hier sein zu dürfen!
Das haben sich auch viele in meiner Klasse gedacht, und so haben wir uns entschlossen, Geld für die Opfer des Tsunamis zu sammeln.

Februar 2005

Christina Giese (11 Jahre)

neugeboren an einem ort

fremd bin ich hier
hier wo ich bin
wo bin ich denn
an einem ort
wo menschen reden
reden über das fremd sein
hier in essen an einem ort
in einer stadt in einem land
welches mir insgeheim fremd ist
leute hier reden
und verhalten sich anders
die art so zu schauen
sich so zu benehmen
ist mir fremd
und erscheint mir böse

warum werfen viele einen kleinen bösen blick
auf andere menschen
auf neugeborene und jugendliche
sind wir nicht alle
irgendwo irgendwann neugeborene
neugeborene an einem ort
wo menschen laut in einem kauderwelsch sprechen
haben wir mal laut
und in der eigenen sprache gesprochen
so heißt es sprecht gefälligst auf deutsch
ihr seid hier in deutschland
und nicht bei euch zu Hause

ach zu hause
nun sollen wir uns doch nicht
hier wohl fühlen

man versteht weder die leute hier noch die politiker
die uns versprechen
alles in eurer angelegenheit wird besser
besser in welcher hinsicht
dass es den menschen trotz allem
was sie bekommen
nicht besser geht
warum frage ich mich da
es gibt vieles
was uns mit den leuten hier verbindet
aber auch vieles
was uns nicht miteinander verbindet
und genau das sollten wir zusammen nutzen
nicht immer voll neid
auf den anderen gucken

lieber gemeinsam arbeiten
lachen und zusammen sein
und die gemeinsamen erfolge sehen
damit wir zusammen
von anderen beneidet werden
ich selbst bin aus dem irak
spürte und spüre noch immer einige dinge
die ich erwähnt habe
es ist sehr traurig die lage
die uns hier erwartet

echt schwer für uns
aber das können die menschen hier
nicht verstehen
wie wir uns fühlen
trotz der liebe von freunden oder familie

in manchen situationen
fühle ich mich einsam
auch mit freunden
aber warum stellt sich mir die frage
heißt es nicht immer
freunde
mit ihnen vergeht die zeit im nu

Hadel Alshahwani (16 Jahre)

Mein Zuhause

Vielleicht bin ich nicht die einzige, die in Essen geboren wurde und deren Eltern aus dem Ausland kommen. Aber ich weiß, dass wahrscheinlich keiner genauso lebt wie ich. Eigentlich bin ich zufrieden und fühle mich sehr wohl in Essen. Ich glaube, es wäre manchmal leichter, wenn ich mich ohne mein Kopftuch in der neuen Gemeinschaft einleben könnte.

Ich befreunde mich eigentlich schnell mit den verschiedensten Menschen, auch wenn ich nicht immer das erreiche, wofür ich manchmal auch gerne Risiken eingehe. Viele Leute nehmen mich so, wie ich bin, respektieren mich und akzeptieren mein Aussehen. Aber andere wollen nichts mit mir zu tun haben und gehen mir aus dem Weg. Ich versuche aber immer freundlich und respektvoll auf sie zuzugehen, wenn auch diese Gaben mich schon so manchmal im Stich gelassen haben. Dann hatte ich keine Lust mehr, die Leute anzusprechen, um herauszufinden, was sie für ein Problem mit mir oder meinem Aussehen haben. Ich würde mich zwar nicht so verändern, wie sie es gerne hätten, ich würde aber versuchen, es ihnen zu erklären, um sie zu überzeugen, mich leben zu lassen, wie ich es möchte.

Meine Familie und ich haben Kontakt zu einer muslimischen Gemeinde, deren Mitglieder wie meine Eltern aus dem Iran kommen. Es ist ein wunderbares Gefühl, jemanden zu haben, der an einem Ort, an dem man sich zwar nicht fremd, aber auch nicht ganz so zu Hause fühlt, genauso ist wie man selbst. Dem man etwas sagen kann, das er vielleicht besser versteht als ein Klassenkamerad. Ich habe hier viele Freunde und Freundinnen, mit denen ich sehr gut klar komme, die die gleiche Religion und Herkunft haben wie ich, die mich gut verstehen können und mögen, manchmal sogar besser als ich mich selbst!

Aber auch mit deutschen Mädchen und Jungen habe ich keinerlei Probleme. Manchmal schlichte ich Streit bei ihnen und helfe ihnen bei den Schulaufgaben. Ich kann nicht sagen, dass mich keiner mag! Und manchmal denke ich, dass ich sie besser verstehen kann als sie mich. Ich glaube, das liegt daran, dass ich ihre Kultur und Umwelt kenne und dies irgendwo auch meine eigene ist. (...)

Ich bin hier in Essen geboren und nach meiner Kultur ausgewachsen. Ich bin jetzt zwölf. Eigentlich haben meine Eltern vor, in den Iran zurück zu kehren, aber das möchte ich nicht. Ich habe nie woanders gelebt, Essen ist meine Heimatstadt. Auch wenn es so kommt, dass wir fliegen, dann werde ich eines Tages nach Deutschland zurückkommen und mich an meine schöne Kindheit erinnern und auf jeden Fall Design studieren.

Obwohl ich nicht dort geboren wurde, bin ich auch Iranerin. Ich kann meine Muttersprache fließend sprechen, lesen und schreiben und fühle mich deshalb an den Iran wie an Essen gebunden. Und darauf bin ich SEHR stolz. Ich liebe den Iran, er ist sozusagen meine zweite Heimat. Ich reise sehr gerne in den Sommerferien dort hin.

In den Bereichen von schulischer Leistung kann ich nicht klagen. Ich habe aber auch schon eine erste Vier gehabt. Neben meinen Schulfreundinnen und den anderen Freunden habe ich auch noch andere Freunde: meine geliebten Pferde. Manchmal denke ich, dass ich mit ihnen besser zurecht komme als mit Menschen. Sie akzeptieren und respektieren mich im wahrsten Sinn des Wortes. Reiten und mit Pferden zusammen zu sein ist mein liebstes Hobby. Pferde geben mir besonders viel Ruhe, und wenn ich mit ihnen zusammen bin, vergesse ich die ganze Vergangenheit. Ich überspringe die Gegenwart und denke ein wenig an die Zukunft. Ob wohl alles so bleiben wird, wie es ist? Ob wohl die Menschen in Deutschland immer so reagieren, wie sie es sonst tun und getan haben? Ob wohl Essen immer „mein Zuhause" bleiben wird oder ob sich alles verändern wird? Ob wohl alles gut gehen wird ???

Was mir am meisten Angst macht, ist, dass ich nicht weiß, ob ich wohl in Essen bleiben und wenigstens meine ganze Kindheit hier verbringen kann oder ob sich alles verändern wird. Dann würde sich mein ganzes Leben verändern, und nichts würde wieder so werden, wie es früher einmal war.

Narges Shafeghati (12 Jahre)

Das Betriebspraktikum in Sofia

Bis vor einem halben Jahr habe ich nichts besonderes an meiner Stadt gefunden. Ich habe alles so hingenommen, wie es ist. Ich wohnte hier, ich ging hier zur Schule, es war nichts besonderes für mich. Am 14. März bin ich jedoch für einen Monat nach Sofia gegangen, um ein Betriebspraktikum zu machen. Sofia ist die Hauptstadt von Bulgarien. Bevor ich dorthin aufbrach, wusste ich bereits, dass es ein sehr armes Land ist, ich war also darauf eingestellt. In Sofia lebte ich bei einer Familie zusammen mit einem anderen deutschen Mädchen. Wir wohnten im siebten Stock eines Hochhauses. Das Hochhaus lag in einer Hochhaussiedlung. Es war alles so heruntergekommen. Mit „heruntergekommen" meine ich, dass es vor dem Haus sehr verdreckt war, dass die Straßen manchmal nicht asphaltiert waren oder dass extrem viel Müll am Straßenrand lag. Das Haus selber war renovierungsbedürftig, doch es wird nichts renoviert, weil die Menschen, die dort leben, kein Geld haben oder nichts ausgeben wollen. Überall liefen streunende Hunde herum, im Müll suchten Kinder nach Essen, die Straßen haben riesige Schlaglöcher.

Mit der Familie, bei der wir lebten, hatten wir nicht so viel zu tun, außer beim Essen und am Wochenende. Die Tochter ging von mittags bis abends zur Schule, die Mutter musste arbeiten, der Vater natürlich auch. Aber er hat uns auch zur Arbeit hingefahren und wieder abgeholt. Das dauerte manchmal zwei Stunden, da in Sofia in der Hauptverkehrszeit die Ampelanlagen manuell gesteuert werden. Wenn dies geschieht, hat ab und zu der Querverkehr eine Viertelstunde lang grün. Es herrscht dann dort ein totales Verkehrschaos. Wir durften nicht alleine raus, da die Familie meinte, es sei zu gefährlich für uns.

Am 8. April sind wir zurückgeflogen, und ich empfand schon den Düsseldorfer Flughafen als sauber und luxuriös. Seitdem ich in Bulgarien gewesen bin, weiß ich, was ich an meiner Stadt habe. Sie ist meist sauber, es gibt nicht so viel Armut, dass Kinder im Müll nach Essen suchen müssen. Die Stadt ist aufgeräumt und gepflegt.

Ich kann mich in Essen frei bewegen, ohne dass ich Angst haben muss, dass mir irgendetwas passiert. Der Verkehr ist gut geregelt, alles scheint besser zu sein als in manch anderen Ländern. Deshalb frage ich mich, warum manche Menschen, die hier leben, sich über die Stadt oder die Politik oder sonst etwas aufregen. Wir haben alle etwas zu essen auf dem Tisch und leben eigentlich ganz gut hier. Oder nicht?

Meine Stadt ist für mich etwas besonderes!

Charlotte Peters (18 Jahre)

Ich muss mich ja hier zuhause fühlen!

Ich bin ein türkisches Mädchen. Ich wurde hier in Essen am 26.7.1991 geboren und bin 13 Jahre alt. Seit dreizehn Jahren wohne ich in Essen. Meine Mutter kommt aus der Türkei, und mein Vater wurde hier geboren und ist hier aufgewachsen. Essen ist eigentlich eine schöne Stadt für mich, vielleicht, weil ich in ihr geboren bin. Aber trotzdem möchte ich in der Türkei leben. Ich weiß nicht warum, aber es kann sein, weil es mir hier ein bisschen langweilig ist. Hier in Essen habe ich sehr viele Freunde. Alle sind nett zu mir, aber ab und zu gibt es Stress mit ihnen. Ich fühle mich in Essen eigentlich wohl, aber ab und zu möchte ich ganz weit weg von hier sein. Ich weiß nicht warum.
In Essen kenne ich mich eigentlich ganz gut aus, hier kann man alles Mögliche machen. Zum Beispiel ins Kino gehen, Schwimmen gehen, spazieren gehen, mir Theaterstücke angucken, alles Mögliche eigentlich. Meine Erfahrungen in Essen sind, dass man mehr an Kinder und Jugendliche denkt. Deswegen liebe ich Essen. Ich weiß nicht, ob ich mich hier zuhause fühle. Aber ich muss mich ja hier zuhause fühlen, weil ich ja hier weiter leben werde.

Yonca Yildiz (13 Jahre)

Ich fühle mich alleine

Hi, Leute, ich bin Victoria Hannappel. Wurde am 29.10.1987 in der Dominikanischen Republik geboren und lebe jetzt in Essen. Ich hab´ einen Bruder, der lebt noch in der Dominikanischen Republik. Ich bin seit neun Jahren in Deutschland, möchte aber zurück in meine Heimat. Ich fühle mich allein in Deutschland, ich vermisse meine Familie und meine Freunde. Ich bin nach Deutschland gekommen, weil meine Mutter einen Deutschen geheiratet hat und mich nicht allein lassen wollte. Ich wollte nie nach Deutschland kommen, ich wollte meine Familie nie verlassen. Nur mit meiner Mutter zu leben, habe ich mir nie vorgestellt.

Hier in Deutschland habe ich oft Streit mit meinen Freunden, aber ich habe Freunde, mit denen ich rausgehe und mich amüsieren kann. Trotzdem ist das noch lange nicht wie in meinem Land. Da war es nie langweilig, da hat man immer zu tun. Ich habe dort sehr viele Leute, die mich lieben, doch hier habe ich nur meine Mama. Ich habe viel Geld und viele Klamotten, kann mir vieles leisten, doch ist das kein Leben für mich. Ich liebe meine Heimat. Auch wenn sie arm ist, lachen wir Tag und Nacht. Da ist man glücklich, auch wenn man nicht weiß, ob man am nächsten Tag etwas zu essen hat. Hier fühle ich mich nicht zuhause. Die Leute bringen mich geradezu dazu, wenn sie mich „Ausländerin" oder „Negerin" nennen. Wie ich das sehe, werde ich immer, egal, wie lange ich hier lebe, eine Ausländerin sein. Das liegt an meiner Hautfarbe. Ich mag die Deutschen nicht, die rassistisch sind. Deutschland mag ich so oder so nicht, weil es ein sehr langweiliges Land ist.

Victoria Hannappel (17 Jahre)

Ich habe kein Heimweh mehr

Mein Name ist Doreen Urban, und ich bin 17 Jahre alt. Meine Heimatstadt ist Dresden. Dort wuchs ich bei meinen Eltern auf. Ich absolvierte die Realschule und strebte nach dem Abitur. Eines Tages begann für mich aber ein zweites Leben. Meine Eltern brachten mich in ein Internat für Schwerhörige und Gehörlose, zum Berufskolleg für Hörgeschädigte nach Essen. Dort war alles für mich neu: das Internat, die Schule und die Menschen.

Als ich ankam, dachte ich zuerst, dass alles gut gehen wird, doch ich war sehr nervös, ängstlich und dann auch schockiert. Denn ich sah auf einmal Jugendliche, die sich mit der Gebärdensprache unterhielten. Es waren Gehörlose. Ich machte mir schreckliche Gedanken, weil ich solchen Menschen vorher noch nie begegnet war. Ich konnte keine Gebärdensprache. Warum mussten es ausgerechnet die Gehörlosen sein? Gibt es hier keine Schwerhörigen, mit denen ich mich unterhalten kann? Nein. Zwei Tage lang sah ich niemanden. Ich war sehr traurig und habe nur eins gedacht: ICH WILL NACH HAUSE! Ich hatte sehr starkes Heimweh nach meinen Eltern, nach meinen Freunden und sogar nach meiner Heimatstadt.

Später lernte ich neue Jugendliche im Internat kennen. Ich verstand sie auf Anhieb gut, und wir wurden Freunde. Ich war sehr froh. Immer wieder lernte ich jemanden kennen, auch Gehörlose. Sie haben mir die Gebärdensprache beigebracht. Aber nicht nur sie, sondern auch die Schwerhörigen. Ich hatte nun eine Menge Spaß, mich mit meinen Freunden in der Gebärdensprache zu unterhalten.

Irgendwann ist mir klar geworden: Ich habe kein Heimweh mehr und fühle mich mit meinen Freunden eng verbunden. Darauf bin ich heute sehr stolz!

Doreen Urban (17 Jahre)

Mein zweites Zuhause

Essen. Zukunft. Abitur. Wie soll ich das jetzt verstehen? Also gut. Alles der Reihe nach. Ich bin Bianca, 17 Jahre alt. Mein Zuhause ist in Herzogenrath bei Aachen. Und was hat das mit Essen zu tun? Halt, ich meine die Stadt. Nicht die Nahrung, die man zu sich nimmt. Was mache ich hier in Essen? Lernen fürs Abitur. Aber warum ausgerechnet in dieser Stadt? Gibt es nichts Besseres?

Ich besuche die Kollegschule für Hörgeschädigte in Essen–Frohnhausen, denn ich bin schwerhörig. Während der Schulzeit bin ich im Internat. Am Wochenende fahre ich nach Hause. Mein zweites Zuhause ist also das Internat. Hier bin ich, weil ich im Jahre 2008 das Abitur erfolgreich ablegen möchte. So lange? Nach drei Jahren?

Zur Zeit besuche ich die Vorklasse. Auf meiner Schule und im Internat sind Jugendliche und junge Erwachsene aus ganz Deutschland. Die Vorklasse dient dazu, uns auf die Klasse 11 vorzubereiten, damit es dann richtig los gehen kann. Was schreibe ich da? Auch in der Vorklasse geht es richtig los. Aber keine Angst, in der Vorklasse bleibt man nicht sitzen. Also ein verschenktes Jahr? Eigentlich nicht. Hier hat man die Gelegenheit, Versäumtes nachzuholen, Stoff zu wiederholen, die Qualifikation zu erwerben, Einblick in die drei Bildungsgänge zu bekommen, die bei uns zum Abitur führen, und fragt mich nicht, was noch.

Drei Bildungsgänge? Erziehungswissenschaft, Naturwissenschaft und Wirtschaft. Ich bin im naturwissenschaftlichen Zweig, werde aber wahrscheinlich in den erziehungswissenschaftlichen wechseln. Ich möchte ja später mal eine gute Mutter sein und mein Kind erziehen können. Wie soll meine Zukunft sein? Wenn ich mein Abitur schaffen sollte, möchte ich vielleicht ein Studium beginnen oder eine Ausbildung machen, bei der ich mit Menschen zu tun habe. Richtung Medizin oder Pharmazie.

Ich habe noch keine genaue Berufsvorstellung. Noch habe ich ja Zeit. Meinen Berufswunsch wechsele ich oft. Ich wollte mal Lehrerin werden. Aber ich möchte mein Leben nicht nur in der Schule verbringen. Ich möchte später heiraten und Kinder bekommen. Wenn ich alt bin, möchte ich auf ein glückliches und erfolgreiches Leben zurückblicken können. Dafür muss man im Leben etwas bringen und auch mal Schwächen zeigen können. Denn niemand ist perfekt.

Bianca Papke (17 Jahre)

Mir ist die Stadt noch fremd

Ich bin nicht in Essen aufgewachsen, von daher ist mir die Stadt fremd. Ich wohne hier seit drei Jahren. Ich komme aus Syrien und bin in zwei Kulturen groß geworden. Bis zur achten Klasse habe ich eine arabische Schule besucht. In der Familie haben wir Kurdisch gesprochen. Ich habe mich gut in Deutschland eingewöhnt, weil ich nach einem Jahr eine deutsche Familie kennen gelernt habe. Ich fühle mich jedoch noch fremd, wenn ich zum Anwalt oder zu Behörden gehen muss. Immer wenn ich draußen Deutsch sprechen muss, fühle ich, dass mir etwas fehlt.

Ich lebe in Essen, weil es in Syrien keine Demokratie gibt. Ich hatte keinen Reisepass, und wir durften die kurdische Sprache nicht sprechen. Ich durfte auch nicht in eine kurdische Schule gehen. Hier bin ich gerne, weil Deutschland ein demokratisches Land ist. Das heißt, hier gibt es Gesetze und Gerichte, in Syrien nicht. Hier darf ich zur Schule gehen, sogar zur Universität, ohne dafür viel bezahlen zu müssen. Ich fühle mich gut verstanden. Manchmal jedoch spüre ich auch die Ablehnung von Leuten, die gegen Ausländer sind. Ich habe in Essen viele Freunde, sowohl deutsche als auch aus anderen Ländern. Deshalb fühle ich mich hier wohl. Manchmal allerdings habe ich Stress mit meiner deutschen Freundin, weil ich anders bin als sie.

Ich fühle mich in Essen noch fremd, weil ich kein Deutscher bin, anders spreche und anderes aussehe. Trotzdem ist es hier besser für mich als in Syrien. Aber das hier ist nicht meine Heimat, auch wenn ich Deutschland viel zu verdanken habe. Ich möchte gern einmal meine Verwandten in Syrien besuchen.

Ali Fayad (16 Jahre)

3. Menschen bei uns

Birma ist ein großes Land

Ich komme aus Birma. Das liegt in Asien. Es ist ein großes Land. Die Hauptstadt von Birma ist Rangun oder heute Yangon genannt. Birma hat fünf Nachbarländer: China, Indien, Thailand, Laos und Bangladesch. Ich bin in eine englische Schule gegangen. Es dauerte dreißig Minuten mit dem Bus zur Schule, und dort habe ich jeden Tag sechs Stunden gelernt. Samstag und Sonntag war schulfrei. Jedes Mal nach der Schule habe ich meine Hausaufgaben gemacht und bin dann Fußball spielen gegangen. In meiner Schule habe ich Englisch gelernt.

Im Sommer ist es sehr warm, und im Winter ist es sehr kalt. Es gibt viele Buddhisten, Hindus und Muslime. Es gibt auch viele Feste. Zwei unserer berühmten Feste sind Upau und Tapeung. Upau ist wie Ostern und Tapeung wie Weihnachten. An Weihnachten kommen alle unsere Verwandten zu uns. Wir essen, trinken, tanzen, singen und haben viel Spaß miteinander.

Mein Vater hat als Busfahrer gearbeitet. Ich habe in Rangun gelebt, die Stadt ist riesig. Dort hatten wir ein großes Haus. Als ich fünf Jahre alt war, ist mein Vater nach Deutschland gekommen. Ich habe dann weiter bei meiner Mutter und bei meiner Oma gewohnt. Nach drei Jahren zog auch meine Mutter hierher, während ich weiter bei meiner Oma blieb.

Ich habe meine Familie vermisst. Jetzt bin ich auch hier und lebe wieder mit meinen Eltern zusammen.

Arnil Sharma (15 Jahre)

In der Ukraine ist das Klima sehr unbequem

Ich komme aus der Ukraine aus einer großen Stadt namens Nikolaew, die im Süden des Landes liegt. Das Klima ist sehr unbequem, da es im Winter sehr kalt ist und im Sommer die Temperatur bis 38° erreicht. Die Religion ist für das ukrainische Volk sehr wichtig und wird entsprechend eingehalten. Man feiert viele Feste zusammen mit der Familie oder mit Freunden. Es gibt viele christliche Feste.
Unser Volk ist lebensfroh, humorvoll und sehr hilfsbereit. Es gibt viele Plätze, die man besichtigen kann. Es gibt viele Museen und Grabmäler, die Dichtern oder Soldaten gewidmet sind. Man feiert jährlich die Parade zum 9. Mai und geht dazu zu dem dafür eingerichteten Platz in der Nähe des Flusses Ingul. Die Disziplin in den Familien ist sehr streng, und die Erziehung der Kinder erfolgt sehr taktvoll. Die Schulen sind viel schwerer als hier in Deutschland. Es werden Examen ab der neunten Klasse gemacht. Später, wenn man die allgemeine Schule mit elf Klassen von der ersten an fertig hat, kann man weiterlernen oder arbeiten gehen. Man kann ein Technikum oder die Uni besuchen.
Die Verkehrsmittel sind kleine Privatbusse, die von Männern gefahren werden, die ein wenig Geld verdienen oder die Haushaltskasse ein bisschen aufbessern wollen. Aber auch die Frauen gehen arbeiten. Es gibt daneben ganz normale Busse, Straßen-

bahnen und Trolleybusse, die ohne Fahrplan fahren und auf die man sich nicht verlassen kann.

Das Essen ist traditionell und lecker, und zu Geburtstagen backen die Frauen Torten oder etwas Süßes. Gegessen wird pünktlich zusammen am Tisch. Die Lebensmittel werden entweder im Supermarkt oder auf dem Markt gekauft. Fleisch, Fisch und andere lebenswichtige Lebensmittel sind meist teuer. Was die Bekleidung angeht, so kann man auf einem Bekleidungsmarkt Kleider zweiter Hand kaufen. Die Preise in den Läden dagegen sind teurer, und man hat keine Handelsmöglichkeit wie auf dem Markt. Im Vergleich zum Euro ist das Geld dort billig. Die Währung wird in „Griwni" - Scheine und in „Kopijki" – Cents aufgeteilt. Der Kurs steht bei 1 Euro = 6.50.

Abends gehen die Leute oft spazieren. Die Disco, das Theater oder das Kino werden ebenfalls viel besucht. Viel wird in der Fußgängerzone, auch Zentrum genannt, unternommen. Man kann dort spazieren gehen, sich in einen Biergarten, ein Restaurant oder ein Café setzen und ins Kasino gehen.

Ich habe viele Freunde in Nikolaew. Wenn ich Ferien habe, fahre ich sehr gerne dorthin und fühle mich da zu Hause wie hier in Deutschland.

Daria Samsonowa (15 Jahre)

In Afghanistan durften die Mädchen außer dem Koran nichts lernen

Ich komme aus Afghanistan. Ich bin seit dreieinhalb Jahren in Deutschland. Ich lebe hier, weil in Afghanistan Krieg ist und wir dort nicht in Ruhe leben konnten. Unsere Kultur ist ganz anders als hier, das ist für mich nicht ganz so leicht. Das Leben für Mädchen in Afghanistan war sehr streng. Sie mussten den Schleier tragen. Wenn eines von ihnen das nicht getan hat, dann haben die Taliban sie geschlagen. Die Mädchen durften im Gegensatz zu den Jungen nicht in die Schule gehen. Manche der Familien, die reich waren, hatten einen Privatlehrer. Wenn sie aber von den Taliban erwischt wurden, bekamen sie eine schwere Strafe, weil sie nicht wollten, dass Mädchen außer dem Koran, dem heiligen Buch, etwas anderes lernten. Deshalb lebe ich auch hier sehr gerne. Die Leute sind sehr nett, und außerdem kann man eine gute Zukunft haben, wenn man die positiven Angebote nutzt.

Das Leben in Afghanistan war nicht nur für die Mädchen schwer und streng, sondern auch für die Frauen. Sie durften sich nicht selbst ihren zukünftigen Mann suchen. Sie mussten den heiraten, den ihre Eltern ausgesucht hatten. Bei der Hochzeit durfte man von den Taliban aus keine Musik machen und auch nicht fotografieren. Wenn Frauen schwanger waren, dann warnten manche Männer sie, bloß keine weiblichen Kinder zu gebären, sonst würden sie aus dem Haus vertrieben. In vielen Familien war es so, dass sie, wenn ein Mädchen geboren wurde, so traurig waren, als ob jemand gestorben war. Wenn sie aber einen Sohn bekommen haben, dann haben sie gefeiert.

Mit Freunden habe ich so meine Schwierigkeiten, weil sie alle hier geboren sind und ich nicht. Oft haben sie eine andere Meinung als ich, und so kommen wir manchmal in einen kleinen Streit. Ich fühle mich natürlich in Essen fremd, bin aber trotzdem gerne hier. Als ich neu hierher kam, war alles jedoch noch viel fremder. Jetzt komme ich schon ein bisschen besser klar.

Freshta Merzai (14 Jahre)

In Polen müssen wir ständig in die Kirche gehen

Ich heiße Natalia Dawgiel. Ich bin 14 Jahre alt und Halbpolin, obwohl ich in Deutschland geboren worden bin. Meine Eltern und ihre Familie leben bzw. lebten alle mal in Polen. Aufgrund des Zweiten Weltkrieges sind meine Großeltern nach Deutschland ausgewandert. Dadurch kam meine ganze Familie hierher, auch mein Vater. Er hat meine Mutter mitgenommen, obwohl ihre Verwandten in Polen blieben.

Mein Bruder und ich fühlen uns in Deutschland superwohl. In Polen wäre es für mich gewöhnungsbedürftig, da dort vieles anders ist als hier. Die Religion ist sehr streng. Die Deutschen gehen so wie ich selten in die Kirche. Wenn meine Familie nach Polen fährt, müssen wir ständig in die Kirche gehen. Jeden Sonntag. Meine Oma und die anderen Verwandten sind das gewöhnt. Ich gehe in Deutschland so selten wie möglich in die Kirche, nur Ostern und an den anderen wichtigen Feiertagen.

Meine Eltern fühlen sich hier auch wohl. Sie haben alles, was sie sich wünschten, erreicht. Sie haben beide die Jobs, die sie wollten. Ich finde es in Deutschland schon deshalb besser, weil in Polen die Schule strenger ist. In manchen Schulen tragen die Schüler noch Uniformen. Hier trägt man keine mehr, und das finde ich gut.

Was mich wundert, ist, dass es in Deutschland so viele Ausländer gibt. Türken, Russen, Polen und sogar Farbige. In Polen habe ich noch nie einen Türken oder einen Farbigen gesehen. Nur Polen. Meine Kinder sollen in Deutschland aufwachsen, weil ich weiß, dass sie hier eine Zukunft haben werden. Sie werden hier mit ihrer ganzen Familie leben.

Natalia Dawgiel (14 Jahre)

Meine libanesische Seele

Ich bin die Tochter von Hassan Ossayli und Wafa Fakih Dit Badran und wurde am 18.12.1986 hier in Essen geboren. Meine Eltern stammen aus dem Libanon, und somit stehe ich schon seit meiner Geburt zwischen zwei Kulturen, einmal der westlichen und einmal der arabischen. Arabisch lernte ich von Anfang an durch meine Eltern. Deutsch lernte ich selbstständig erst im Kindergarten und in der Schule. Neben der arabischen Kultur bin ich auch mit meiner Religion, dem Islam, aufgewachsen, und das in einem Land, das hauptsächlich christlich geprägt ist.

Bei dem Erlernen der deutschen Sprache war es sehr schwierig, zu Hause Hilfe zu bekommen, da meine Eltern die Sprache anfangs noch nicht beherrschten. Somit reflektierte ich die Sprache nur in der Schule, weil ich da mit niemandem arabisch sprechen konnte. Auf diese Weise lernte ich beide Sprachen auf völlig verschiedenen Ebenen und voneinander getrennt. Diese Sprachkenntnisse bildeten natürlich meinen individuellen Zugang zur jeweiligen Kultur.

Bei der arabischen Kultur ist es vor allem wichtig, dass die Familie bestehen bleibt, dass der Zusammenhalt in den Familien gewahrt wird. Zu unserer Kultur gehört neben dem Respekt der Eltern, dass man allgemein vor älteren Personen Respekt haben muss. In der westlichen Kultur dürfte man so eine

Person durchaus duzen. Mir würde das jedoch schwer fallen, ich müsste es praktisch erst erlernen.

In der westlichen Kultur ist es auch üblich, dass man die Kinder oft feiern gehen lässt, sprich, etwas Spaß in der Disco zu haben. In unserer Kultur findet so etwas selten statt. Meine Eltern hätten einfach zu sehr Angst, und dieses Schutzbedürfnis ist vor allem bei uns Mädchen sehr stark. Denn meine Eltern könnten und würden niemals den Leuten draußen vertrauen, zum Beispiel betrunkenen Jugendlichen, die nicht wissen, was sie da genau tun.

Unsere Kultur ist übrigens ziemlich bekannt für ihr Essen. Wir kochen vor allem Reisgerichte wie zum Beispiel „Malfut". Das sind eingerollte Weißkohlblätter, gefüllt mit Reis und Gemüse. Schweinefleisch gibt es bei uns nicht, da wir Moslems sind. Doch wenn bei uns gekocht wird, dann heißt das nicht, dass es nur Reis gibt. Die Deutschen lieben unser Essen, da es eine Abwechslung neben ihrem Stammessen Pommes-Currywurst ist. Allein in Essen gibt es an jeder Ecke arabische Restaurants, in denen diese Leckereien angeboten werden.

Die Religion spielt bei uns auch eine wichtige Rolle, sie leitet alles. Der Islam sagt uns beispielsweise, dass man seinen Eltern vollen Respekt schenken muss. Ich werde solange in meinem Elternhaus leben, bis ich selbst verheiratet bin und dies an meine eigene Familie weitergeben kann. Der Islam wird jedoch teilweise falsch verstanden. Natürlich werden heute noch Frauen unterdrückt, doch ist es falsch, dies dem Islam aufzudrücken. Der Islam besagt nicht, dass die Frau keine eigene Meinung und keine Freiheit haben darf. Ganz im Gegenteil: die Frau steht bei uns, was das Wertgefühl anbelangt, über dem Mann.

Obwohl ich die deutsche Staatsangehörigkeit besitze und mich in Deutschland als Deutsche sehe und fühle, so verliere ich doch nicht meine libanesische Seele, wenn ich in meinem Heimatland, dem Libanon, bin. Denn dort bin ich unter meinen Familienangehörigen und fühle mich dann auch so. Trotz der deutschen Staatsangehörigkeit trage ich den libanesischen Stolz in meinem Herzen. Hinzufügen möchte ich noch, dass ich mich mittlerweile in Essen sehr wohl fühle und weiterhin hier leben möchte. Ich möchte meine Zukunft in dieser Stadt verbringen und gestalten. Ich hoffe jedoch, dass ich irgendwann zurück in meine eigentliche Heimat gehen kann, um dort den Rest meines Lebens zu genießen. Als Muslime sagen wir immer „Alhamdulillah", was bedeutet, dass wir Gott für alles danken, was wir haben, ob es finanziell gut läuft oder nicht und auf alles andere bezogen ebenfalls.

Rasha Ossayli (18 Jahre)

In Moldawien dauern die Sommerferien drei Monate

Ich komme aus der Hauptstadt von Moldawien, und die heißt Chishinjow. Die Stadt ist nicht so groß wie Essen, aber trotzdem sehr schön. Es gibt dort viele Freizeitparks, Diskos, Restaurants und Bars. Das Leben in Moldawien ist nicht so sicher wie in Deutschland. Aber die Menschen, die kein Geld haben, tun sich dort sehr schwer. Es gibt zwar Arbeit, doch bekommt man dafür sehr wenig Geld. In Chishinjow gibt es nicht viele Ausländer. Ich bin seit dreieinhalb Jahren in Deutschland, deshalb fühle ich mich natürlich nicht so wie in Moldawien.
Ich habe nur russische Freunde und keine deutschen. Chishinjow ist die Stadt des Spaßes und der Freude! Die Jugendlichen sind dort untereinander sehr hilfsbereit, man kann mit ihnen über alles reden. Als ich dort wohnte, ging ich in die Schule. Die Schule war dort viel besser als die in Deutschland! Die moldawischen und die deutschen Schulen unterscheiden sich. Zum Beispiel gibt es zwei Schichten. Eine Gruppe geht am frühen Morgen und die andere am Nachmittag. Die Noten sind ganz anders als hier. Die Eins ist die schlechteste und die Zehn die beste Note. Die Ferien sind auch länger. Die Sommerferien dauern drei Monate!
In Moldawien ist die Religion nicht so wichtig wie in anderen Ländern. 50% der Bevölkerung spricht russisch, davon können 30% kein Moldawisch. In

Chishinjow gibt es viele internationale Schulen, zum Beispiel russische, englische, jüdische und französische. Nach dem Präsidentenwechsel mussten viele russische Schulen schließen. Die Regierung will, dass in Moldawien hauptsächlich moldawisch und nicht russisch gesprochen wird.

Die Menschen, die sehr viel Geld haben, haben eine große Macht. Sie können fast alles machen, was sie wollen. Die moldawische Bevölkerung beträgt 4,6 Millionen Menschen. Moldawien ist in Europa durch seinen Wein bekannt, der moldawische gehört zu den besten der Welt.

Obwohl ich in Moldawien nachts auf den Straßen Angst habe, fühle ich mich dort zu Hause! Mich an Deutschland zu gewöhnen, ist schwer, weil alles streng ist. Die Jugendlichen in Moldawien haben andere Ziele und Interessen als in Deutschland.

Pavel Beizer (16 Jahre)

Wenn man in Russland nicht lächelt ...

Ich bin in Moskau aufgewachsen und lebe seit zwei Jahren in Essen, weil meine Eltern entschieden haben, dass wir hierher fahren müssen. Ich habe mich schon eingewöhnt und bin gerne hier. Ich habe in Deutschland viel mehr Freiheit als in Russland. In Russland gibt es viel Kriminalität. Ich habe hier schon eine besondere Erfahrung gemacht: Und zwar denken alle, dass du seltsam bist, wenn du nicht viel sprichst. Wenn man in Russland nicht lächelt, dann heißt das, dass man ernst ist, und das ist gut. In Deutschland heißt es jedoch, wenn ich nicht immer lächle, dass ich irgendwie böse bin. Aber ich kann doch nicht immer lächeln! Wenn etwas lustig ist, dann lache ich. Einfach so kann ich nicht lächeln.

Ich fühle mich meistens verstanden, aber einige Menschen sind überhaupt nicht nett. Auch wenn ich Recht habe, sagen sie, dass ich nicht aus Deutschland komme und deswegen die Klappe halten soll! Solche Menschen hasse ich, weil sie mich hassen.

Ich habe viele Freunde. Aber das Problem ist, dass fast alle meine Freunde Russen sind. Es gibt nur ein paar Deutsche. Es geht mir gut in Deutschland. Wenn ich mit Freunden ausgehe, dann geht es mir einfach supergut. Aber kurz nachdem wir umgezogen waren, hatte ich zu Hause Stress. Ich wohne allein mit meiner Mutter, und das ist schwer für sie. Meine Mutter lernt den ganzen Tag Deutsch und ist sehr beschäftigt. Ich muss Hausarbeit erledigen und vieles tun.

Ich fühle mich manchmal fremd in Deutschland, aber manchmal auch zu Hause. Es hängt alles von der Situation ab. Wenn die Menschen nett zu mir sind und mich verstehen, dann fühle ich mich wohl und wie zu Hause. Aber wenn die Menschen nicht nett sind und mich ignorieren, nur weil ich aus Russland komme, dann fühle ich mich schlecht und elend.

Lilya Shvartsmann (14 Jahre)

Mein Heimatland ist Sri Lanka

Mein Name ist Karthiga. Mein Heimatland ist Sri Lanka. Ich wurde hier in Essen geboren, aber mein Vater hat mir viel über mein Heimatland erzählt. Doch als ich letztes Jahr einmal dort war, habe ich mich sehr fremd gefühlt. Die Kultur, die Sitten und Gebräuche sind nämlich ganz anders als bei uns. Die Erwachsenen sind beispielsweise sehr streng mit den Mädchen. Sie dürfen nicht lange draußen bleiben, da sich die Eltern immer Sorgen um sie machen. Auch in der Schule ist es nicht leicht. Denn die Schüler lernen dort sehr viel schneller als in Deutschland. Eltern in Sri Lanka wollen, dass ihre Kinder Berufe erlernen, die dort sehr angesehen sind. Meinen Eltern ist es egal, was ich werde. Sie wollen, dass ich gut und zufrieden leben kann.
Die ärztliche Versorgung in meiner Heimat reicht nicht aus. Deshalb möchte ich gerne in Deutschland lernen und dort als Ärztin arbeiten. Da wir verschiedene Kasten haben, ist es nicht gut, wenn eine Person aus einer hohen Kaste mit einer Person zu tun hat, die aus einer niedrigen Kaste stammt. Denn die Leute reden schlecht über diese Personen. Viele Eltern reden ihren Kindern ein, dass die anderen besser lernen und alles besser machen als sie. So werden die Kinder neidisch und arbeiten hart, damit sie besser werden als die anderen. In Deutschland ist das nicht üblich. Aber trotzdem würde ich gerne in meinem Land leben. Ich lebe

aber auch gerne hier, weil hier alle nett zu mir sind und ich hier meine Freunde habe. Vielleicht habe ich aber auch Feinde. In Sri Lanka wird einmal alles anders sein.
Jedem gefällt sein Heimatland am besten!

Karthiga Sivapalan (14 Jahre)

Die Kongolesen sind eben lebensfroh

Im Kongo sind die Menschen offen und freundlich. Man kann sagen, dass sich fast jeder dort kennt. Die Menschen achten nicht auf das Aussehen oder die Nationalität eines Menschen, sondern leben praktisch „mit der ganzen Welt zusammen". Jeder wird gleich behandelt. Nur die Homosexualität wird nicht gemocht. Denn die Kongolesen denken, dass sie den Nachwuchs stoppt. Wenn Kongolesen Kinder bekommen, dann bekommen sie meistens mehr als drei. Es gibt im Kongo nicht so viele Gesetze und Vorschriften. Das macht die Menschen lebensfreudig. Kongolesen lieben die Musik und das Tanzen. Sie würden nie an Selbstmord denken. Lieben sie das Leben, so genießen sie es. Kongolesen sind laut und lachen viel. Wir sind eben lebensfroh, weil in unserem Land das Leben strahlt. Es ist nämlich grün.

Dan Matweta (14 Jahre)

Nicht alle Kurden durften zur Schule gehen!

Da mein Vater politisch verfolgt wurde, sind wir nach Deutschland geflüchtet. Deutschland ist eigentlich ein sehr interessantes Land, das durch Hitlers Regime eine sehr traurige Vergangenheit erlebt hat. Mein Heimatland ist aber das türkische Kurdistan, da kann ich mich viel wohler fühlen. Das beste an Deutschland ist, dass jeder zur Schule gehen kann und somit die Möglichkeit hat, etwas Gutes zu werden. Vor fünf Jahren wurden in der Türkei die Schüler, die ärmere oder politisch handelnde Eltern hatten, nicht gerecht behandelt. Das hat, Gott sei Dank, meine Brüder und mich nicht betroffen.

Sermin Güven (14 Jahre)

In Kasachstan hatten wir wochenlang kein Wasser

Ich stamme aus der Stadt Tschimkent, die liegt in Kasachstan. Meine Familie und ich kamen nach Deutschland, weil wir Deutsche sind. In Kasachstan waren wir Ausländer, und das Verhältnis zu uns war sehr schlecht. Unsere Verwandten leben auch hier. In Kasachstan gibt es Menschen mit verschiedenen Kulturen. Zur Zeit leben dort mehr Moslems als Christen. Nachdem Kasachstan ein selbstständiges Land geworden war, wurde das Leben dort immer schlechter. Dort ist es unmöglich, einen Arbeitsplatz zu finden. Um einen normalen Arbeitsplatz zu kriegen, muss man zuerst viel Geld bezahlen. Außerdem gibt es keine Sozialversicherung. Auch wenn man einen Job hat, leiden viele Menschen Hunger, weil keiner der Arbeitgeber regelmäßig den Arbeitslohn zahlt. Wir hatten dort monatelang keinen Strom, kein Gas und manchmal sogar wochenlang kein Wasser, auch nicht im Winter.
In der Schule muss man, um eine gute Ausbildung zu bekommen, auch viel Geld bezahlen. Die Lehrer sind dort ein bisschen strenger als hier. Die Noten reichen dort von eins bis fünf. Die beste Note ist die Fünf und die schlechteste die Eins. Zeugnisse bekommt man vier Mal im Jahr. In der Schule ist es schöner als hier. Dort gibt es nicht so viele Feiertage wie in Deutschland, aber dafür längere Sommer-

ferien. Sie dauern drei Monate. Dort muss man immer noch samstags zur Schule gehen.

Am Anfang, als ich nach Deutschland kam, hatte ich sprachliche Probleme wie alle anderen. Aber in der Schule wurden sie dann immer kleiner. Ich habe mich an Deutschland gewöhnt, ich fühle mich auch viel besser und freier als in Kasachstan. Hier habe ich viele neue Freunde gefunden, die auch aus verschiedenen Ländern kommen oder Deutsche sind. Was mich ein bisschen hier stört, ist, dass manche Menschen einen schlechten Eindruck von uns haben, nur weil wir aus der ehemaligen Sowjetunion kommen. Ich habe hier viel bessere Chancen für meine eigene Zukunft, und ich freue mich sehr, dass ich hier lebe, weil ich dort sehr schlechte Erfahrungen gemacht habe. Ich will auch nicht darüber nachdenken, dass ich irgendwann vielleicht wieder dorthin zurück muss.

Inna Hoff (16 Jahre)

4. An den Schnittstellen der Kulturen

Da konnte er sich verständlich machen

Es war in den sechziger Jahren. Damals sind viele Gastarbeiter nach Deutschland gekommen. Sie konnten kein Deutsch und haben sich mit Händen und Füßen verständlich gemacht. Einer dieser Gastarbeiter ist mein Onkel gewesen. Er hat hier in Essen als Krankenpfleger gearbeitet. Er wollte seine Frau vom Flughafen abholen, wusste aber nicht, wie er dort hinkommen sollte. Er kannte das Wort „Flughafen" nicht. Er suchte nach anderen Wörtern, aber er konnte nicht zum Ausdruck bringen, was er wollte. Da hatte er eine Idee. Mein Onkel stellte ein Flugzeug dar. Er streckte die Arme aus, flatterte mit ihnen und pfiff dabei wie ein Flugzeug. Dadurch konnte er sich verständlich machen. Die Deutschen haben sich dabei natürlich zu Tode gelacht. Sein Ziel hatte er aber erreicht. Und die hilfsbereiten Deutschen haben ihm ebenfalls pantomimisch dargestellt, wie er den Flughafen erreichen konnte.

Seray Yilmaz (14 Jahre)

Eine peinliche Angelegenheit

Als ich in der siebten Klasse war, haben wir einmal im Deutschunterricht Hausaufgaben auf bekommen. Wir sollten über die Stadt Essen Stichpunkte aufschreiben. Ich als ein ausländischer Schüler, der bis zu seinem vierten Lebensjahr nur seine Muttersprache Türkisch gesprochen hatte, habe die Aufgabe falsch verstanden. Ich habe ein Rezept für Spaghetti aufgeschrieben. Ich wurde von meinen Klassenkameraden ausgelacht. Mir war das sehr peinlich, weil ich mich in meiner Klasse blamiert hatte. Am nächsten Tag wollte ich nicht mehr zur Schule gehen.

Ertunc Uzun (16 Jahre)

„Sie können ja richtig gut Deutsch sprechen!"

Ich kenne eine Frau, die seit Jahren schon ein Kopftuch trägt. Wenn sie zu Behörden und Ämtern geht, wird sie oft skeptisch angeguckt, und die Angestellten versuchen sich erst einmal mit ihr in gebrochenem Deutsch zu verständigen. Sie fängt jedoch an, richtiges Deutsch zu reden. Immer wieder geschieht es dann, dass sie staunen und sie fragen: „Wo haben Sie denn die deutsche Sprache gelernt? Sie können ja richtig gut Deutsch sprechen!" Daraufhin antwortet die Frau: „Ich lebe schon seit meiner Kindheit hier in Deutschland und bin auch hier zur Schule gegangen. Geboren wurde ich allerdings in der Türkei." Die Angestellten freuen sich dann, dass sie sich mit dieser Frau so gut verständigen können.

Armagan Güney (14 Jahre)

„Du Deutscher, du!"

Eines Tages bin ich von der Schule nach Hause gekommen, und meine Mutter sagte: „ Hamid, bring
den Müll raus." Ich erwiderte: „Gleich, Mama." Doch
meine Mutter sagte: „Sofort." Ich antwortete jedoch
mit lauter Stimme: „Jetzt nicht." Da schrie meine
Mutter: „Wie redest du mit mir, du Deutscher, du!"
Als ich dann den Müll hinausbrachte, sagte ein Mann
zu mir: „Hey, du Ausländer, das kommt in den
anderen Mülleimer." Ich ging verwirrt zurück in mein
Zimmer und fragte mich, wer oder was ich eigentlich
bin. Eine Antwort darauf habe ich nicht gefunden.

Bahram Mohammad (14 Jahre)

Unterwegs zum Training

Eines Tages ging ich zum Training. Unterwegs sah
ich, wie Kinder eine alte Frau ärgerten. Sie trug ein
Kopftuch. Sie wehrte sich mit kleinen Steinen, die
sie nach ihnen warf. Ich sah mir das an und habe
nichts unternommen. Jetzt aber denke ich mir:
Wenn jemand in dieser Situation ist, dann sollte
man ihm helfen, weil es jedem einmal passieren
kann.

Ilias Bouchti (14 Jahre)

Sie wollten wissen, was es heißt

Letzte Woche war ich auf einer türkischen Feier, auf dem „23. Nisan". Da habe ich mich daheim gefühlt. Es war ein richtig schönes Gefühl. Aber manchmal fühle ich mich auch fremd, weil viele in Deutschland keine Ausländer haben wollen. Sie hassen sie. Ich weiß nicht warum.

Aber es gibt auch viele, die sich dafür interessieren, was wir für eine Kultur haben, wie wir leben, wie wir kochen usw.. Auf dem „23 Nisan" beispielsweise war es so. Da waren viele Deutsche. Sie haben mit uns getanzt und gelacht. Sehr schön war es vor allem, dass sie versucht haben, Türkisch zu sprechen. Und wenn wir Türkisch geredet haben, wollten sie wissen, was es heißt. Dann übersetzten wir es natürlich ins Deutsche. Diese Deutschen waren alle sehr nett.

Derya Karaoglan (16 Jahre)

In Deutschland in der Kirche

Gestern ging ich in die deutsche Kirche gleich bei mir nebenan. Ich betete, bis die Kommunion begann. Wie die anderen deutschen Christen ging ich nach vorne zum Altar und stellte mich auf. Der Priester kam zu mir, und ich streckte die Zunge heraus. Das macht man immer bei der polnischen Messe. Er sah mich mit der herausgestreckten Zunge und ging an mir vorbei. Anschließend stellte ich mich noch einmal an dieselbe Stelle, doch er ging wieder vorbei. Also habe ich wie die deutschen Gottesdienstbesucher die Hand herausgestreckt und wartete noch einmal. Dieses Mal gab er mir die Kommunion. Wie man sieht, akzeptiert nicht jeder jede Sitte.

Martin Monyka (14 Jahre)

Es ging zum Glück noch gut aus!

Ich bin Amani Naima und bin neun Jahre alt. Ich gehe in die vierte Klasse und komme bald auf das Gymnasium Wolfskuhle. In Deutschland lebe ich schon seit acht Jahren. Ich fühle mich hier völlig normal. Meine Mitschüler behandelt mich wie jeden anderen. Wenn ich geärgert oder gehänselt werde, dann wehre ich mich. Ich habe viele Freunde. Wir können uns gut leiden. Ich habe Glück, denn ich habe keine Probleme. Meine Freunde behandeln mich völlig normal. Ich finde sie auch okay. Fast alle meiner Freunde sind Ausländer.
Ich trage auch ein Kopftuch, das finden alle normal. Am ersten Tag, an dem ich es getragen habe, hatte ich Angst, dass ich gehänselt oder geärgert werde. Aber als ich in die Schule kam, da war alles wie immer. Man begrüßte mich wie sonst auch. Dann fingen die ersten an zu fragen. Es ging jedoch zum Glück noch gut aus!

Amani Naima (9 Jahre)

Wenn die Kirchenglocken läuten ...

Liebe Dreya,

ich hoffe, es geht dir gut. Bei mir ist soweit alles in Ordnung. Du fragtest in deinem letzten Brief, ob ich mich hier in Deutschland fremd oder sogar daheim fühlen würde. Darüber habe ich mir Gedanken gemacht, und ich möchte dir dazu das folgende Erlebnis erzählen:
Vor ein paar Monaten habe ich einen Film über Jesus Christus geguckt. Der Film begeisterte mich. In ihm ging es um die christliche Religion. Er hatte etwas, das mich nachdenklich machte. Ich hatte plötzlich den Wunsch, die christliche mit meiner, der islamischen Religion zu vergleichen. Beide Religionen haben eine Gemeinsamkeit. In beiden glaubt man an einen GOTT. Das verwunderte mich. Doch als ich weiter forschte, stellte ich fest, dass die beiden Religionen doch sehr unterschiedlich waren. Im Christentum denkt man, dass das Kind der heiligen Maria auch das Kind Gottes sei. Im Islam weiß man jedoch, dass Gott keine Frau und auch keine Kinder hat. Dass er Propheten schickte und dass Jesus, das Kind der heiligen Maria, der vorletzte Prophet war. Glaubst du mir, wenn ich dir sage, dass die Christen denken, Gott habe es erlaubt, dass einer seiner Propheten, also Jesus, gekreuzigt wird? Wie du weißt, wurde er doch lebend

in den Himmel in die Obhut Gottes genommen! Es wurde doch nur einer der Verräter gekreuzigt!

Bei diesen Forschungen habe ich mich am Anfang im Christentum daheim gefühlt, dann aber doch bei dem großen Unterschied sehr fremd. Es ist so, dass hier jeden Sonntag in der Kirche die Glocken läuten. Wenn sie läuten, vermisse ich den Gebetsruf der Moschee (Ezan).

deine Tugba

Tugba Aydin (16 Jahre)

Das ist doch eine Bereicherung. Oder?

Hallo, mein Name ist Khaled Badr. Ich bin 17 Jahre alt und wohne in Essen. Mein Herkunftsland ist der Libanon. Ich bin aber in Essen geboren und aufgewachsen. Hier zu leben, ist für mich sehr schwer, obwohl viele Politiker sagen, dass sie auch für uns Ausländer das einfacher machen wollen. Ich war schon in vielen Situationen, wo ich mich gefragt habe, warum ich so von meinen deutschen Mitbürgern behandelt werde. In meinem Heimatland würde mir so etwas bestimmt nicht passieren. Ich bin mir aber auch sicher, dass meine Mitbürger dort so etwas mit Touristen und anderen Ausländern machen.

Es sind nicht die jungen Deutschen, die die Ausländer beleidigen, sondern die älteren. Sie meinen, dass sie ihnen die Arbeitsplätze wegnehmen und dass sie die Straßen mit ihrem Dasein dreckig machen. Ich persönlich weiß, dass nicht jeder Ausländer in Ordnung ist. Aber jedes Volk hat sowohl gute als auch schlechte Menschen, egal, ob es Deutsche, Türken oder Libanesen sind. Jeder Mensch, der in Deutschland lebt, hat unabhängig von seiner Staatsbürgerschaft dieselben Rechte und Pflichten. Das aber wollen manche Deutsche nicht einsehen und beleidigen trotzdem die Ausländer.

Ich habe mich schon öfters darüber bei den Behörden beschwert, aber sie sagen mir, dass wir etwas dagegen tun sollen. Wie oft hat man schon von den

Politikern im Fernsehen gehört, dass sie alles tun wollen, dass sich jeder Mensch, ob Ausländer oder Deutscher, hier wie zu Hause fühlt. Irgendwann muss aber etwas geschehen. Auf die Dauer können die Menschen so nicht weiterleben. Jedes Land braucht Ausländer, denn sie bringen aus ihren Ländern viele neue Waren mit. Solche aus dem technischen oder aus dem kulturellen Bereich. Jedes Land verhandelt mit anderen Ländern und tauscht Waren aus. Auch Deutschland. Das ist doch eine Bereicherung. Oder?

Khaled Badr (17 Jahre)

Ein schlimmes Erlebnis

Vor drei Jahren wohnte ich noch in meiner alten Wohnsiedlung. Ich war so vierzehn Jahre alt und ging oft mit meinen Freunden raus. Sie waren auch so in meinem Alter. Normalerweise blieben wir in unserem Wohnviertel. Denn es war ruhig und nicht so gefährlich. An einem Tag, so genau weiß ich es nicht mehr, wann es war, trafen wir uns am Abend zu dritt. Meine zwei Kollegen und ich gingen so etwa gegen 19 Uhr raus. Wir liefen herum und hatten Langeweile. Dachten uns nichts. Wir gingen in Richtung Spielplatz, der etwas weiter von unserem Wohnviertel entfernt ist. Dort wollten wir ein bisschen rumhängen. Trotz der eintretenden Dunkelheit gingen wir weiter.

Als wir fast am Spielplatz angekommen waren, bekamen wir drei ein komisches Gefühl und fragten uns, ob wir nicht doch lieber umkehren sollten. Aber unsere Neugier trieb uns weiter. Da es so dunkel war, konnte ich vom Spielplatz nicht viel erkennen, nur, dass er von einem Zaun umgeben war. Dort angekommen, fingen wir auch schon an ihn zu überqueren. Dann waren wir auf der anderen Seite. Gerade als wir langsam den Spielplatz erkunden wollten, stellten wir fest, dass wir in einen Hinterhalt geraten waren. Wir wussten nicht weiter und blieben wie angewurzelt stehen. Aus uns verborgenen Ecken kamen plötzlich immer mehr Jugendliche ausländischer Herkunft. Das konnten wir am Akzent erkennen, mit dem sie sprachen. Einer von ihnen ging auf uns zu und erklärte uns, dass das Betreten des Spielplatzes Geld koste. Doch wir sagten, dass wie keines hätten. Wir drehten uns um, um wieder zu gehen. Da plötzlich merkten wir, dass sie alle auf uns zuliefen. Wir überlegten nicht lange und kletterten schnell über den Zaun.

Einer meiner Kollegen blieb hängen. Wir halfen ihm schnell und rannten alle drei in Richtung nach Hause. Doch da uns ca. dreißig Jugendliche hinterher rannten, wurden wir schnell getrennt. Einer meine Kollegen rannte einen Hügel hinauf, mein anderer Kollege, der etwas langsamer war, wurde wie ich von ihnen geschubst und gestoßen. Als wir zwei dann nach unserem dritten Kollegen Ausschau hielten, bekamen wir es mit der Angst zu tun, da wir ihn nicht mehr sahen. Mittlerweile konnten wir nicht mehr so schnell rennen, wir wurden langsamer. Nach einigen Faustschlägen, die mich trafen, hörte ich den Kollegen rufen, der neben mir gelaufen war. Er war in Schwierigkeiten, doch konnte ich ihm nicht helfen, da ich ja selber ein paar Probleme hatte. Wir rannten schließlich auf einen Hügel zu, wo uns plötzlich ein Auto entgegenkam, und zwar trotz Fahrverbot. Da wir durch die Scheinwerfer geblendet wurden und wir nichts erkennen konnten, blieben wir stehen. Unsere Angreifer liefen auch langsamer. Aus dem Auto stiegen meine Mutter und der Kollege, den wir vermisst hatten. Erleichtert atmeten wir auf. Mein Kollege, der den Hügel hinaufgerannt war, hatte meine Mutter zufällig getroffen und geholt. Sie fragte, was hier los sei, doch die Jugendlichen verschwanden plötzlich still und leise. Das war uns eine Lehre. Wir gingen nicht mehr auf diesen Spielplatz. Für mich und meine Kollegen war das ein schlimmes Erlebnis.

Florian Zumbusch (17 Jahre)

Auf dem Bahnhof

Eines sonnigen Tages ging ich raus, um zu shoppen. Als meine Bahn in Richtung Essen kam, stieg ich ein. Sie war an diesem Tag leer. Als ich am Hauptbahnhof ankam, beobachtete ich, wie ein Schwarzhäutiger beschimpft wurde. Es waren vier Jugendliche, die ihn als Neger bezeichneten und ihn beschimpften. Ich wusste nicht, warum sie das taten. Nur weil er schwarz war?
Als ich dann auf dem Weg in die Stadt war, sah ich Kollegen oder Freunde des Schwarzen. Sie gingen auf die vier Jugendlichen zu, sie sprachen miteinander. Die Jugendlichen sagten, es sei nur Spaß gewesen. Ich ging weiter und dachte: Spaß hat auch seine Grenzen!

Gökhan Gökyar (14 Jahre)

Diese sinnlose Gewalt kenne ich zur Genüge

Mein Name ist Jacques. Ich bin ein Schwarzafrikaner, der im Tschad geboren wurde und aufgewachsen ist. Vor fünf Jahren bin ich mit meiner Familie nach Essen gekommen. Ich war damals vierzehn Jahre alt. Ethnische Säuberungen, Hunger und Elend haben uns aus unserer Heimat vertrieben. Wir hofften, in diesem zivilisierten Land ein ruhiges Leben führen zu können, ohne Hass und ohne Gewalt. Durch fleißiges Arbeiten wollten wir uns den Lebensunterhalt verdienen. Doch schnell wurde uns klar, dass unsere Träume nichts als Illusionen waren. Wir spürten sofort, dass wir in dieser Stadt nicht unbedingt willkommen sind.
Meine Muttersprache ist französisch, also hatte ich am Anfang große Probleme mit der deutschen Sprache. Nach einem intensiven Sprachkurs kam ich auf eine Hauptschule. Obwohl die Ausländerquote dort sehr hoch war, fiel ich durch meine Hautfarbe auf. Ich musste täglich mit wüsten Beschimpfungen wie „Nigger", „Teerpappe" usw. leben. Auch die Ausländer, die aufgrund ihrer eigenen Erfahrungen toleranter hätten sein müssen, hielten sich nicht zurück. Mein größter Traum, eine Lehrstelle als KFZ–Mechatroniker zu bekommen, hat sich bis heute nicht erfüllt. Die Hoffnung, überhaupt eine Ausbildung abschließen zu können, schwindet langsam aber sicher.

Weil wohl viele Schwarze in den Medien (Filme, Fernsehserien, usw.) ihr Geld im Drogenmilieu verdienen, werde auch ich oft des Dealens verdächtigt, obwohl ich noch nie etwas mit Drogen am Hut hatte. Mein schlimmstes Erlebnis war eine Begegnung mit Skinheads. Als ich eines Abends auf dem Weg nach Hause war, wurde ich plötzlich von einem Haufen Skins umzingelt. Ohne Vorwarnung schlugen und traten sie auf mich ein. Sie bespuckten und beschimpften mich. Gott sei Dank hat eine ältere Frau den Vorgang beobachtet und Hilfe geholt. Damit hat sie sicherlich mein Leben gerettet. Ich wurde schwerverletzt ins Krankenhaus gebracht und musste dort zwei Wochen lang behandelt werden. Seitdem traue ich mich kaum noch aus dem Haus, wenn doch, dann nur in Begleitung. Ich weiß genau, dass sich dieser Hass jederzeit wieder gegen mich richten kann. Das macht mich wütend und traurig zugleich. Diese sinnlose Gewalt kenne ich aus meiner Heimat zur Genüge.

Ich habe mich hier nicht wirklich eingewöhnt, und es geht mir nur materiell gesehen gut. Ich würde gerne woanders sein, aber ich weiß nicht wohin. Zurück in den Tschad ist ausgeschlossen, und ein Umzug innerhalb Deutschlands wäre auch keine Lösung.

André Rettka (18 Jahre)

Es liegt an den Menschen

„Fremd und doch daheim", so fühlt man sich, wenn man aus dem Ausland kommt und zehn Jahre lang in Deutschland, in Essen gelebt hat. Meine Großeltern sind nach dem Zweiten Weltkrieg wegen des Wiederaufbaus von Deutschland nach Kasachstan ausgewandert. Ich selbst wurde in Kasachstan geboren und habe dort die ersten neun Jahre meines Lebens gelebt. Dort ging ich mit meinen Freunden in eine ganz normale Schule. An ihr konnte ich drei Klassen beenden, danach bin ich mit meiner Familie nach Deutschland gezogen.

Meine Eltern haben mir zwar gesagt, dass wir bald nach Deutschland fliegen würden, und ich wusste auch wieso, doch ging mir das alles zu schnell. Einige unserer Verwandten blieben zurück, obwohl es ihnen schlechter ging als uns. Meine Eltern erkannten erst nach Jahren diese Probleme. Sie hatten beide seriöse Arbeitsstellen gehabt und hatten gut verdient. Das aber änderte sich, und es wurde immer schwerer für uns, bis meine Eltern entschieden, dass es so nicht mehr weitergehen konnte. Sie beschlossen, einen Neuanfang zu machen, und das bedeutete, dass auch ich dazu bereit sein musste. Einige Verwandte waren schon vor Jahren wieder nach Deutschland eingewandert, wo sie ein besseres Leben hatten und noch haben, und deshalb fassten meine Eltern diesen Entschluss. Es dauerte etwas, bis wir nach Deutschland kamen und ich zum ersten Mal auf eine deutsche Schule gehen konnte. Es war etwas Neues und Spannendes für mich, weil ich noch nie mit einem Flugzeug geflogen war und weil ich unbedingt wissen wollte, wie es in Deutschland ist. Die Neugier trieb mich voran, so dass ich mir keine Gedanken über meine zurückgebliebenen Freunde, über meine Schule und das alte Zuhause machte.

Am Anfang dachte ich wenig an das, was ich alles zurückgelassen hatte. Zu dieser Zeit war ich schon neun Jahre alt. Das aber änderte sich schlagartig, als mich meine Eltern an der neuen Schule anmeldeten. Sie hatten, ohne mich zu fragen, beschlossen, dass ich die dritte Klasse wiederholen sollte, weil ich keine Deutschkenntnisse hatte. Ich wusste erst nicht, was ich da sollte und warum ich unbedingt das Schuljahr wiederholen musste. Ich wäre lieber einfach in die vierte Klasse gegangen.

Mein erster Schultag war grauenhaft an der neuen Grundschule. Ich war neu, nervös und total unsicher, da ich kein Deutsch konnte bis auf „Ja", „Nein" und einige Ausdrücke, die ich schon verstand. Die Kinder haben gelacht und mich beschimpft, da ich nur ein Ausländer für sie war, der kein Deutsch konnte und ihrer Meinung nach vielleicht immer von Vater Staat leben würde. Ich konnte nichts dafür, und dennoch wurde es immer schlimmer. Es wurden mir grundlos, wahrscheinlich, weil ich nicht verstanden wurde, rassistische Beleidigungen an den Kopf geworfen wie „Du

Scheißrusse, wegen dir ist Deutschland so!", „Du dreckiger Ausländer, sieh zu, dass du Land gewinnst!" und so weiter. Das Ganze blieb nicht nur bei Beleidigungen, sondern es kam auch zu einer Auseinandersetzung zwischen einem deutschen Jungen und mir, bei der er den Kürzeren zog. Danach hat er mich nie wieder angefasst oder angesprochen. Ich weiß, dass es für Gewalt keine Rechtfertigung gibt. Aber wenn man von allen Seiten umkreist ist und irgendjemand grundlos voller Hass vor dir steht, dann denkt man nicht mehr an so etwas, sondern man will nur noch weg und in Ruhe gelassen werden. So etwas wünscht man keinem Menschen. Niemand hat es verdient, nur weil er oder sie aus dem Ausland stammt!

Was ich fast ein Jahr lang ertragen habe, ist purer Rassismus gewesen. Dann bin ich mit meinen Eltern umgezogen, und ich habe die Schule gewechselt. Gesagt habe ich von alledem niemandem etwas, selbst meinen Eltern nicht. Ich konnte ja kein Deutsch. Man braucht Mut dazu, und den hatte ich damals nicht. Ich habe gedacht, wenn ich etwas sagen würde, würde es nicht nur für mich schlimmer kommen, sondern auch für meine Familie. Meine Eltern haben mich immer davor gewarnt, Unfug anzustellen, weil sie befürchteten, dass wir dann wahrscheinlich wieder nach Kasachstan zurückkehren müssten. Und dort hätten wir dann gar nichts mehr gehabt.

Nach dem Umzug habe ich die Kinder von der alten Schule eine Zeit lang nicht mehr gesehen. Darüber war und bin ich heute noch froh. Jetzt allerdings sehe ich diese Menschen manchmal wieder und denke mir, was ich für ein Glück hatte, von dort wegzukommen.

Auf der neuen Schule waren viele Schüler, die selbst aus verschiedenen Ländern kamen. Mit ihnen habe ich mich am Anfang teilweise verstanden. Ich war wieder neu, nervös und ängstlich an der neuen Grundschule. Meine eigentliche Muttersprache habe ich in der Zwischenzeit nicht weiterentwickeln können, weil ich keine richtigen Freunde hatte, mit denen ich in ihr sprechen konnte. Das aber hatte dazu geführt, dass ich die deutsche Sprache schon etwas besser konnte. Ich konnte sie jetzt besser als viele meiner Landsleute, mit denen ich zu tun hatte. Das wiederum bewirkte jedoch, dass sie mich jetzt ausschlossen und mich auf die übelste Art und Weise diskriminierten. So habe ich unfreiwillig auch die „andere Art" des Rassismus kennen gelernt. Sie war für mich noch viel schlimmer, denn ich konnte sie komplett nicht nachvollziehen.

Durch meine Deutschkenntnisse verbesserten sich meine schulischen Leistungen rasch, doch auch der Hass meiner Mitschüler stieg weiter, egal, ob deutsch oder nicht deutsch. Warum so etwas sein muss und was ich überhaupt „falsch" gemacht habe, weiß ich nicht. Den Lehrern auf der neuen Grundschule konnte ich jedoch sagen, was war, was mir das Leben erschwerte, so dass sie immer etwas gegen den Rassismus unternehmen konnten, egal, von welcher Seite er kam. Sie waren nicht nur für mich da, sondern auch für andere.

In diesen zwei Jahren in Deutschland habe ich keine Freunde gehabt. Dadurch vermisste ich meine alten Freunde in meiner Heimat immer mehr. Ich hatte ja niemanden, mit dem ich spielen, reden oder so Spaß haben konnte. Ich vermisste mein altes Zuhause in Kasachstan. Allerdings war mir klar, dass ich meine Eltern jetzt nicht mehr davon überzeugen konnte, wieder nach Hause zurückzukehren. Sie hatten inzwischen anständige Arbeit gefunden und hatten sich schon zu gut eingelebt.

Nach diesem zweiten Schuljahr in Deutschland sind wir wieder umgezogen, so dass ich wieder auf eine neue Schule kam. Diesmal war es die fünfte Klasse einer Gesamtschule. Dort habe ich neue und viele sympathische Freunde gefunden. Einige waren neu auf der Schule, andere waren sitzen geblieben. Mit diesen Schülern bin ich meistens gut ausgekommen, sei es auf Klassenfahrten oder auf Ausflügen ins Schwimmbad und in den Zoo. Natürlich hatte jeder auch seine kleinen Probleme mit den anderen, weil es keine perfekte Welt gibt, in der jeder zufrieden sein kann. Für eine bessere Welt kann man jedoch etwas tun, nämlich den Rassismus aus dieser Welt zu schaffen, der verschiedene Menschen mit verschiedener Herkunft auseinander bringt!!!

Wenn mich heute jemand fragen würde, wo ich jetzt lieber leben würde, ob in Deutschland oder in Kasachstan, so würde ich ihm keine Antwort geben. Denn man muss klar im Kopf behalten, dass man überall auf Ablehnung, Auseinandersetzungen und Hass treffen kann. Es liegt an den Menschen, die manchmal etwas Neues sehen und es nicht gleich auf den ersten Moment verstehen. Dadurch entstehen viele negative Dinge, mit denen fast jeder Mensch im Leben konfrontiert wird. Heute kann ich nicht mehr sagen, wo ich mich am wohlsten fühle, außer bei meiner Freundin Katrin. Denn viele Dinge passieren in unserer Gesellschaft, die einfach nicht sein müssten.

Wilhelm Eisfeld (19 Jahre)

5. Nachrichten aus dem „normalen" Leben

Ohne Titel

Ich bin manchmal *A*ggressiv
Bin ver*l*iebt
Wohne in *E*ssen
X

Habe Probleme mit der *R*echtschreibung
Liebe zu *A*rbeiten
Spiele gerne *C*omputer
Wohne in einem *H*ochhaus

Alex Rach (17 Jahre)

Flucht

Aus allen Richtungen strömen sie
Wie Vögel der Sonne entgegen
Verlassen Häuser Freunde Familienglück
Weil sie Arbeit und Frieden begehren

Sie träumen von Reichtum
Und unermesslichem Glück
So begeben sie sich auf die Reise
Können oft nie mehr zurück

Wie Winde lassen sie das Meer
Und die Grenzen hinter sich
Doch werden sie gefasst
Ihr Traum schon zu Beginn erlischt

Haben sie die Gefahren überstanden
Erfreuen sie sich an dem Gedanken
Dass jetzt alles wird wieder gut
Sie hoffen auf eine Belohnung ihres Muts

Doch schon nehmen die Behörden
Sie unter „Schutz‟
Sie leben in Wohnheimen
Und verharren in bürokratischem Schmutz

Die Hoffnung auf Arbeit und Frieden
Aus und vorbei
Und auch ihr Glück
Es brach entzwei.

Lena Stahlhut (19 Jahre)

ignoranz

in der zweiten Klasse fing alles so richtig an
da war ich noch der größte aber dann
lesen und schreiben fiel mir schwer
lesen und schreiben das war mein leiden

es kam die angst alle könnten lachen
und mich nur noch niedermachen
sie würden mich ärgern
und nicht in ruhe lassen

was auch geschah ... wie wahr
du kannst nicht gut lesen
und was du schreibst
kann keiner verstehen

mit diesen lehrersätzen durfte ich
durchs leben gehen
ich hatte viel angst
und ich sah meine zukunft in düsterem licht

je älter ich wurde
es wurde nicht besser
sogar meine freunde
lieferten mich ans messer

ich kenne alle rechtschreibprogramme
von a – z
doch trotz üben und trainieren
konnte ich diese behinderung nicht verlieren

warum ich und kein anderer
so fragte ich mich
doch ist für mich
kein ausweg in sicht

ich wünsche dies keinem
es ist sehr schlimm
oft muss ich weinen
obwohl ich nicht will

nichtsdestotrotz bin ich recht weit
in der schule vorangekommen
die anzahl der sätze
hat merklich zugenommen

wer nicht schreiben kann
gehört nicht hierher
streng dich mal an
das ist doch nicht schwer

so einer wie du
der macht kein abitur
das sind die worte
die mich begleiten

ich lerne doch anders
kann das keiner verstehen
ich bin nicht blöd
das muss man doch sehen

ich muss immer kämpfen
die angst macht mich krank
kann mir keiner
entgegen gehen

ich bin ein kämpfer
das ist mein glück
ich schau nach vorn
und nur manchmal zurück

ich bin was besonderes
ihr werdet schon sehen
ich liebe und hasse die schule
und will nicht untergehen

Carlo Contratti (20 Jahre)

Langeweile und wozu sie uns treibt

Wenn ich durch Hörsterfeld, einen Stadtteil am Rande von Essen, laufe, bekomme ich immer etwas Angst und ein sehr unwohles Gefühl. Ich bekomme dieses Gefühl, weil vor einigen Jahren ein guter Freund dort zusammengeschlagen wurde. Mein Freund hatte den Angreifern nichts getan. Sie waren auch nicht rechtsradikal oder alkoholisiert oder voll mit Drogen. Sie haben ihn zu dritt angegriffen und zusammengeschlagen, und zwar „nur" aus Langeweile. Er musste diese Schmerzen und diese Pein über sich ergehen lassen, weil sich seine Angreifer amüsieren wollten.

Nach diesem Angriff ist mein Kollege von Hörsterfeld nach Steele gezogen in der Hoffnung, dass er so einer Brutalität nicht noch einmal ausgesetzt wird. Auch wenn sich diese Sache nicht so einfach verdrängen lässt, versucht er es. Bis jetzt hat sich so ein Angriff nicht wiederholt, und ich hoffe auch, dass es nicht wieder passiert. Denn so ein Erlebnis wünscht man niemandem.

Peter Kotzum (18 Jahre)

Ausgegrenzt

Es war ein Samstag wie jeder andere Samstag auch. Mit einer Ausnahme. Meine Mutter hatte mich dazu verdonnert, den Keller auszuräumen. Sie verkauft sehr gerne alten Kram, um so etwas mehr Geld für unsere Haushaltskasse zu verdienen. Wie dem auch sei, ich tat, was man mir gesagt hatte. Ich ging in den Keller und fing an, ihn aus zu räumen. Zuerst fand ich nur für mich wertlose Dinge. Dann aber stieß ich auf eine alte Kiste. Ich zog sie etwas mehr ins Licht und machte sie auf. Mit großen Augen sah ich, dass alle meine alten Spielsachen darin aufbewahrt worden waren. Unter den alten Plüschtieren fand ich schließlich auch mein altes Tagebuch. Ich schlug es auf und begann laut zu lesen:

7.6.1998. Liebes Tagebuch. Ich bin jetzt schon ziemlich lange in der Schule, es ist grausam. Fast alle meine Mitschüler hänseln mich, weil ich ein Sprachproblem habe. Ich kann das „SCH" nicht richtig aussprechen. Ich gehe mittlerweile allen Wörtern mit „SCH" aus dem Weg, damit niemand merkt, dass ich das nicht kann. Ich traue mich gar nicht mehr, irgendetwas zum Unterricht beizutragen. Also werden die Bewertungen immer schlechter. Mein Lehrer hat sehr oft mit mir geredet, ich möge doch bitte offener sein und mehr sagen. Aber jedes Mal, wenn ich etwas sage, lachen alle.

Ich hörte für einen Moment auf zu lesen. Dieses Problem hatte ich schon lange vergessen. Mir zog sich der Magen zusammen, als ich überlegte, dass ja alles noch viel schlimmer geworden war. Ich blätterte ein paar Seiten weiter, um dort weiterzulesen:

29.6.1998. Hallo Tagebuch! Wir haben vor einer Woche ein Theaterstück aufgeführt, „Hänsel und Gretel". Ich war die Mutter. Es war schlimm. Alle, die im Publikum saßen, hatten Videokameras dabei. Sie filmten alles und jeden von vorne bis hinten. Aber das war noch nicht alles. Am Samstag danach gab eine meiner Freundinnen eine Pyjamaparty, sämtliche Mädchen waren eingeladen. Wie nicht anders zu erwarten war, sahen wir uns im Film die Aufführung noch einmal an. Diesmal kam es mir vor wie ein Alptraum. Alles hinter mir begann zu lachen und zu kichern, viele ahmten mich nach. Ich lief weinend aus dem Zimmer und fuhr nach Hause.

Ich sah auf und konnte mich genau daran erinnern, dass ich mir damals einredete, dass bald alles besser werden würde. Nämlich durch das Sprachtraining beim Hals–Nasen–Ohrenarzt, das ich seit kurzer Zeit einmal pro Woche mit meiner Mutter besuchte. Es hat mir wirklich geholfen, wie ich jetzt weiß. Ich las weiter:

7.12.1998. Zum einem Unglück war in diesem Jahr der Schulwechsel. Ein paar meiner alten Mitschüler wechselten auf dieselbe Schule wie ich und kamen auch in dieselbe Klasse. Meine neuen Mitschüler fragten wie andere schon in der ersten Klasse, ob ich eine Zahnspange tragen würde. Ich antwortete ihnen, aber nur knapp. Ich atmete auf, weil sie mich nicht ärgerten. Irgendwann machten wir einen Ausflug mit der Klasse in ein Museum. Durch einen dummen Zufall kam ich mit einer Mitschülerin ins Gespräch. Wir redeten lange miteinander. Was mir nicht auffiel, war, dass ich ihr die ganze Zeit im Museum hinterherlief. Auf dem Heimweg fragte sie mich, ob ich ihre Freundin sein wolle. Ich war zwar etwas verdutzt, antwortete aber prompt: „Aber klar. Sicher doch." Von da an redeten wir miteinander, im Unterricht und in den Pausen. Seitdem habe ich keine Angst mehr zu sprechen.

Ich hörte auf zu lesen, saß still und schwieg. Da hörte ich eine Stimme, die sagte: „Was soll das? Machst du eine Zeitreise oder was?" Ich drehte mich um, ich hatte die Zeit völlig vergessen. Ich hatte ja eine Verabredung. Meine Freundin und ich wollten ja ins Museum, ganz wie damals. Stattdessen half sie mir nun, den Keller auf zu räumen. Mittlerweile glaube ich, gehe ich fast allen mit meiner Quasselei auf den Zeiger. Aber besser so als anders.

Denise Schrade (17 Jahre)

Schicksalsschläge

Am 14. April 1987 wurde ich in Essen durch Kaiserschnitt geboren. So begann das Leben für mich. Doch ich war nicht alleine, ein kleines Mädchen kam eine Minute nach mir zur Welt, meine Schwester Julia. Also bin ich ein Zwilling! Doch insgesamt sind wir drei Geschwister. Ich habe noch einen großen Bruder, der sieben Jahre älter ist als ich. Jetzt war unsere Familie komplett. Meine Eltern waren überglücklich. Unser Heim wurde jedoch nun zu klein für uns, deshalb suchten wir uns ein neues. Ende 1989 zogen wir nach Überruhr. Mein Vater arbeitete als Technischer Zeichner und machte gleichzeitig ein Abendstudium. Er spielte auch in der ersten Bundesliga Tischtennis. Er ernährte uns, da meine Mutter auf mich und meine Schwester aufpassen musste. Ich fühlte mich sehr wohl in dem neuen Zuhause, jeder hatte sein eigenes Zimmer, und wir konnten draußen im Matsch spielen, da die Straßen damals noch nicht gepflastert waren. Schnell fand ich neue Freunde bei uns in der neuen Umgebung.
Doch Anfang 1990 wurde alles anders. Ich verstand die Welt nicht mehr. Mein Vater, der seit Wochen Husten hatte, kam nach einer Untersuchung nach Hause: Lungenkrebs inoperabel! Meine Mutter weinte nur. Er hatte, laut Befund, nur noch drei Monate zu leben, obwohl er erst 33 Jahre alt war. Meine Schwester und ich mussten in den Hort, obwohl wir es nicht wollten. Wir wollten nur bei der

Mama bleiben. Doch sie kümmerte sich jetzt um Papa. Das Geld wurde knapp, da mein Vater nicht mehr arbeiten konnte. So beschloss meine Mutter selbst wieder ins Berufsleben einzusteigen. Papa war oft im Krankenhaus und Mama arbeiten und abends besuchte sie ihn. Das Leben hatte sich total verändert. Mein Vater war mein größtes Vorbild! Auch ich wollte mal so Tischtennis spielen können wie er.

Papa baute immer mehr ab, es ging ihm immer schlechter. Er wollte nicht im Krankenhaus sterben, sondern zu Hause bei seiner Familie. Mama holte ihn nach Hause. Am 18.9.1991 hat er den Kampf gegen den Krebs verloren. Morgens lag er regungslos, schon kalt und starr neben Mama. Sie hat mir erzählt, dass ich nachts zu ihnen ins Bett gekommen sei und morgens zwischen ihnen lag. Da hatte ich keinen Vater mehr. Ich habe es damals nicht verstanden, immer wieder wollten meine Schwester und ich zu ihm, doch es ging nicht. Oft malten wir Bilder und brachten sie zum Friedhof, um sie aufs Grab zu legen. Mein großer Bruder litt sehr unter dem Verlust, da er in einem Alter war, in dem er es begreifen konnte. Meiner Mutter ging es damals sehr schlecht, sie hatte nur noch Stress. Der Hort wurde unsere zweite Heimat. Um mich abzulenken und das Schlechte hinter mir zu lassen, meldete ich mich im Tischtennisverein an. Mit knapp sechs Jahren kam ich in die Schule, der Ernst des Lebens begann.

Die Jahre vergingen. Es war nie leicht für meine Mutter, da sie ja die Vaterrolle nicht besetzen konnte. Sie hat in dieser Zeit viel geleistet. Ihre Fürsorge war einmalig. Im Jahr 1998 trat ein neuer Mann ins Leben meiner Mutter. Auch wir akzeptierten ihn als Freund. Er zog im darauf folgenden Jahr bei uns ein. Wir hatten wieder eine richtige Familie. Ich habe mich sehr für meine Mutter gefreut. Doch dann, im Jahr 2000, schon wieder das blanke Entsetzen. Meine Mutter bekam die Diagnose „Krebs". Wieder brach eine Welt für mich zusammen. Ich hatte Angst, dass meine Mutter stirbt. Immer wieder stellte ich die Frage, ob sie es schafft oder nicht. Eine Operation folgte der anderen. Nach drei Monaten konnte sie das Krankenhaus verlassen. Doch sie war nicht mehr die Alte. Das Arbeitsleben konnte sie nicht mehr aufnehmen. Im Laufe der Jahre folgten immer wieder neue Untersuchungen, doch letztendlich hat sie den Krebs besiegt. Unser Leben normalisierte sich wieder, auch wenn die Angst blieb. Ein Leben ohne Vater ist sehr schwer. Manchmal fühlte ich mich einsam und verlassen. Meine Mutter jedoch ist eine starke Frau, die uns durchs Leben begleitet.

Florian Stadie (18 Jahre)

6. Inzwischen dazwischen

Bin kein Deutscher und kein Tunesier

Mein Name ist Salim, ich bin in Essen geboren und aufgewachsen. Ich bin gebürtiger Deutscher,

werde aber als Tunesier gesehen. Die Stadt ist mir nicht fremd, weil ich sie schon lange kenne.

Ich lebe hier, weil mein Vater vor etwa dreißig Jahren sich hier angesiedelt hat,

um Arbeit zu finden, da es in Tunesien keine Arbeit gab. Das Land ist erst 1954

von Frankreich unabhängig geworden. Tunesien war damals arm und hatte keine Arbeitsstellen.

Ich bin nicht gerne hier, weil ich mich nicht richtig wohl fühle. Denn ich bin Ausländer und

einige Deutsche wollen keine Ausländer in ihrem Land. Trotzdem habe ich Deutschland sehr viel zu

verdanken, ich habe hier viele schöne Dinge erlebt. Ich fühle mich von den meisten Leuten verstanden.

Ich fliege jede Sommerferien nach Tunesien, dort bin ich Deutscher.

Ich bin nichts von beidem, ich bin Salim, der Junge, der kein Tunesier und kein Deutscher ist.

Salim Romdhami (15 Jahre)

„Arabische Küche" im Hort

Mein Name ist Rawan Ramadan. Ich bin zehn Jahre alt und gehe zur Herbartschule in die vierte Klasse. Nach der Schule laufe ich in den Hort des AWO-Kindergartens Schalthaus Beisen in Schonnebeck. Dort erledige ich meine Hausaufgaben für die Schule und verbringe den Nachmittag mit Spiel, Spaß und Aktionen.
Im Hort esse ich auch zu Mittag. Vor zwei Wochen hatten wir die „Arabische Küche". Meine Mutter half der Köchin die ganze Woche, arabische Spezialitäten zu kochen. Die arabischen Speisen schmeckten den Kindern sehr. Weil der Hort international ist, gab es auch Gerichte aus anderen Ländern. Der Speiseplan wechselt jede Woche.

Rawan Ramadan (10 Jahre)

الاسبوع العربي في حضانة شالتهاوس بايرن

Arabische woche in der Kita -Schalthaus Beisen
من 13.06.2005 الى 17.06.2005

كبة البطاطا بالصينية +سلطة
Kartoffelauflauf + Salat

الاثنين

Montag

دجاج بصلصة الكاري مع البطاطا
Hähnchen · mit Curry Soße
+ kartoffeln

الثلاثاء

Dienstag

شوربة لسان العصفور
• رز بحليب
Flügel Zunge Suppe
• Milchreis

الاربعاء

Mittwoch

صينية الفاصوليا الخضراء +كفتة
Bohnen-auflauf+Frikadellen

الخميس

Donnerstag

برغل مع الخضار
Couscous (Bulgur) mit Gemüse

الجمعة

Freitag

صحة وعافية للجميع
Allen guten Appetit   !!!!!!!!!!!!!!!!!!

Liebes Tagebuch,

heute ist schon wieder ein Tag wie jeder andere. Ich bin mal wieder froh, zuhause zu sein. Die Schule war die Hölle auf Erden. Wir mussten heute bei uns in der dritten Klasse verschiedene Länder vorstellen. Natürlich stellte ich Indien vor. Meine Mutter kochte sogar indisches Essen für meine Mitschüler. Ich wollte ihnen zeigen, wie wir dort leben, wie unsere Religion ist und wie die Kinder ihre Freizeit verbringen.

Als ich in der Schule war, war ich voll aufgeregt. Ich fing an und ließ das Essen rumgehen. Alle fingen an zu spucken und meinten: „Iihh! Das schmeckt nicht!" Ich war traurig, aber ließ es mir nicht anmerken. Dann fing ich an zu erzählen, aber es hörte mir keiner zu. Meine Mitschüler machten andere Dinge, sie unterhielten sich, spielten Spiele und noch andere Dinge. Ich fing an zu weinen und ging raus. Sie lachten mich aus. Nach der Schule ging ich allein nach Hause. Und jetzt sitze ich zu Hause und schreibe dir.

Bye, deine Puja!

Jessica Krzywda (15 Jahre)

Nicht mehr allein in der Türkei

Vor zwanzig Jahren gab es einmal eine Familie, von der lebten der Vater in Deutschland und die Mutter mit den Kindern in der Türkei. Die Mutter hieß Seray, die beiden Kinder hießen Turgay und Zehra. Turgay war zwölf Jahre, seine Schwester zehn Jahre alt. Der Opa der beiden war bereits über neunzig. Als er zweiundneunzig wurde, starb er. Turgay hatte seinen Opa sehr lieb, er war fast immer mit ihm unterwegs gewesen. Jetzt fühlte er sich sehr alleine und ging immer wieder in den Garten der Familie, wo er mit seinem Opa gewesen war.

Eines Tages hat der Vater seine Familie nach Deutschland geholt, damit sie in ihrer Heimat nicht so allein waren. Nach einem Jahr kam Turgay in die Schule in die erste Klasse, und die Schwester ging in den Kindergarten. Die beiden konnten kein bisschen Deutsch. Zehra gewöhnte sich langsam an den Kindergarten, aber der Turgay hatte es schwer in der Schule. Er konnte zu wenig Deutsch und musste versuchen seine Hausaufgaben zu machen um weiterzukommen. Gute Noten zu haben, war das Schwerste. Turgay hatte ein paar türkische Freunde. Durch Freunde lernte er auch Deutsch. Seine deutsche Sprache wurde von Tag zu Tag besser. Er wollte nach der vierten Klasse auf die Realschule oder die Gesamtschule gehen. Das durfte er auch.

Jetzt möchte Turgay gerne einen guten Beruf erlernen, damit seine Mutter stolz auf ihre Kinder ist und in Frieden leben kann. Denn vor vielen Jahren haben sie alle noch in einem Dorf gewohnt.

Mehmet Durna (15 Jahre)

Heimat ist auch eine Befindlichkeit der Seele

Ich bin ein Libanese, Alter: 16 Jahre. Ich bin außerdem Autist, eine doppelte Last. Ich fühle mich nicht Zuhause, denn meine Wurzeln sind nicht hier. Ich habe keine Chance auf ein „normales" Leben. Ich bin Araber und Moslem, das ist schon ein Makel schlechthin. Meine Familie ist sehr groß. Der Außenseiter bin ich als Behinderter, denn im Islam bedeutet das Strafe von Allah. Die Umwelt reagiert meist auch sehr blöd. Dabei muss man zwischen Deutschen und Libanesen unterscheiden.

Es gibt viele Menschen, die mein Anderssein akzeptieren, und ich bin dankbar dafür. Die beste Erfahrung habe ich mit meiner Lehrerin gemacht. Sie ist sehr kompetent und mag auch Ausländer und Behinderte. Die meisten Menschen sind sehr ungehalten, wenn Ausländer auch mal Rechte fordern. Der Staat hilft nicht viel. Er hat selbst Probleme mit Rechtsradikalen und so.

Ich fühle mich als Fremdkörper, der nur bedingt lebt und sich wohlfühlt. Meine schlechteste Erfahrung ist, dass ich behindert bin. Aber auch als Libanese bin ich verurteilt zum Anderssein. Meine beste Erfahrung ist die Schule, die meine Welt ist. Ich glaube, die Menschen sind eher geneigt, Nichtbehinderte und Nichtausländer zu akzeptieren.

Vielleicht helfen ja meine Worte, die Menschen in dieser Stadt, die mir so vertraut und doch auch fremd ist, zu sensibilisieren! Ich möchte gerne eine „Heimat" haben, aber das ist schwer. Heimat ist auch eine Befindlichkeit der Seele, nicht nur ein Ort.

Rabih Semmo (16 Jahre)

Einige Dinge gefallen mir hier nicht

Ich lebe seit fast zwanzig Jahren in Essen. Ich wurde hier geboren und aufgezogen. Mit dem Erwachsenwerden habe ich zwei Kulturen kennen gelernt. Zum einen die Kultur meiner Eltern, zum anderen die der Deutschen. Es sind ganz verschiedene Kulturen, die ganz unterschiedlich sind. Ich fühle mich von der Kultur meiner Eltern angezogen, vielleicht, weil ich durch sie stark geprägt worden bin. Aber ich passe mich auch den Deutschen an, ohne meine Herkunft zu leugnen. Meine Eltern sind, weil sie syrisch-orthodoxen Glaubens sind, in der Türkei verfolgt worden und ausgewandert. Ursprünglich war Schweden das Ziel, dann kamen sie nach Deutschland.

In Essen fühle ich mich eigentlich wie zu Hause, da ich hier schon mein Leben lang bin. Hier bin ich zur Schule gegangen, hier habe ich meine Familie und meine Freunde. Aber wenn man mich fragen würde, ob ich mein Leben lang in Deutschland bleiben will, dann würde ich sagen, dass ich das nicht weiß. Denn einige Dinge gefallen mir hier nicht. Das ist zum einen die Ausländerfeindlichkeit, die immer größer wird. Natürlich ist das ein Problem, das es nicht nur in Deutschland, sondern überall gibt. Aber seitdem ich letztes Jahr von drei Nazis angegriffen worden bin, habe ich das Gefühl, hier nicht mehr daheim zu sein. Außerdem ist mir klar geworden, dass es von den Deutschen nicht immer anerkannt wird, wenn ich sage, dass ich eine Deutsche bin. Häufig wurde mir nämlich bei Auseinandersetzungen und Diskussionen mit Deutschen gesagt: „Du bist keine Deutsche, auch wenn du es sein willst." Dieses hat mich zum Nachdenken gebracht. Dabei habe ich festgestellt, dass ich meine Religion anders lebe, dass meine Mentalität eine andere ist und dass auch die Gastfreundlichkeit bei uns anders gelebt wird.

Es gibt viele Dinge, die unterschiedlich sind. Vielleicht ist das gut so, vielleicht aber auch nicht. Aber eigentlich ist es mir egal, was andere von mir denken. Ich weiß, wer ich bin und was ich bin, und darauf bin ich stolz.

Angela Salut (19 Jahre)

Eine türkische Familie

Mein Name ist Eda. Ich wurde am 23.03.1990 in Essen geboren, von daher ist mir die Stadt gar nicht fremd. Die Verwandten meine Vaters leben auch in Deutschland, trotzdem haben wir nicht zu allen Kontakt. Die Verwandten meiner Mutter leben alle in der Türkei.

Ich habe noch zwei Geschwister. Meine Schwester Dilek ist zwölf und geht auf ein Mädchen–Gymnasium in Berlin. Seit sie in der Pubertät ist, ist sie eine richtige Zicke geworden. Wir streiten uns so oft, dass meine Mutter schon gar nichts mehr dazu sagt. Dann habe ich noch einen kleinen Bruder. Der heißt Emre und wird neun. Er besucht noch die Grundschule. Er ist richtig faul und hasst Hausaufgaben über alles. Sein Ein und Alles sind seine Computer–Playstation-Spiele. Wenn er dürfte, würde er vierundzwanzig Stunden lang daran sitzen.

Kommen wir zu meinen Eltern: Meine Mutter heißt Yasemin und ist fünfunddreißig. Sie stammt aus Adana. Adana ist bekannt als die heißeste Stadt in der Türkei. Da ist es so was von heiß, dass die Leute sogar im Badezimmer eine Klimaanlage haben. Sie vermisst ihre Familie in der Türkei und ist immer traurig darüber. Wir fahren deshalb jedes Jahr dorthin. Am aller allermeisten vermisst sie ihre Zwillingsschwester, die genauso aussieht wie sie. Manchmal weiß ich nicht, welche von beiden meine

Mutter ist, und sage auch zu meiner Tante „Mama". Meine Mutter ist von Beruf her Türkischlehrerin und ein sehr warmherziger Mensch. Aber wenn sie sauer wird, wird sie zu deinem schlimmsten Alptraum.

Genug von meiner Mutter, jetzt ist mein Vater an der Reihe: Er heißt Murat und ist nur ein Jahr älter als meine Mutter, also sechsunddreißig. Er ist von Beruf her Telekommunikationsfachhändler und hat einen Handy-Laden. Er hat richtig Ahnung von Handys. Seine größte Sucht sind jedoch Autos. Er liebt Autos über alles. Jedes Wochenende gehen wir uns Autos anschauen. Das nervt schon richtig. Trotz allem ist mein Vater ein sehr lustiger Mensch. Er ist bekannt als „Murat, der Komiker". Jeder empfiehlt ihm, mit Kaya Yanar zu arbeiten. Früher war mein Vater ein Sänger. Er hat immer auf Hochzeiten und Feiern gesungen. Er hat sogar seine eigene Kassette herausgebracht. Dann hat er meine Mutter kennen gelernt und hat mit dem Singen aufgehört, weil sie das nicht wollte. Keine Ahnung warum. Zum Glück läuft die Ehe meiner Eltern super. Wir verstehen uns ja auch alle gut. Nur manchmal gibt es kleine Streitigkeiten, aber die lösen sich schnell auch wieder auf.

Jetzt habe ich schon so viel geschrieben, dass ich schon einen sehr starken Krampf in der Hand habe. Wenn wir nicht gestorben sind, dann leben wir noch heute.

Tugba Dogan (15 Jahre)

Ich sehe mich als Deutsche

1984 ist das Jahr, in dem meine Eltern flüchteten. Sie flüchteten aus ihrer Heimat Afghanistan, um woanders ein besseres Leben zu führen. Meine Brüder waren damals noch klein, aber auch sie waren ein Grund für meinen Vater, aus Afghanistan zu flüchten. Im Dezember 1984 begann das neue Leben für meine Eltern und meine Brüder. Sie kannten die deutsche Sprache nicht, die Kultur nicht und vor allem die Art zu leben, die hier in Deutschland üblich ist, nicht. Jedenfalls bemühten sie sich sehr, sich anzupassen und ein normales Leben zu führen. Im Jahr 1986 wurde ich in der Stadt Essen geboren, in der Stadt, in der ich lebte und noch lebe. Ich wuchs zwischen und mit zwei verschiedenen Kulturen auf.

Von klein auf musste ich meine Muttersprache sowie die deutsche Sprache, die ich auch als meine Muttersprache sehe, erlernen, um sie zu beherrschen. Ich ging in den Kindergarten, zur Grundschule, zur weiterführenden Schule und bin jetzt in der Sekundarstufe II. Meine Freunde, meine Familie, sie alle sind hier. Für mich ist Deutschland meine Heimat, mein Zuhause, ich kenne nichts anderes. Ich lebe hier eine andere Religion und Kultur aus, aber trotzdem sehe ich mich als Deutsche, was so manche nicht akzeptieren können. Es gibt Menschen hier, die einfach nicht wollen, dass meine Familie und ich uns hier wohl fühlen. Der schlimmste Vorwurf wurde mir deshalb am 12. September 2001, ein Tag nach dem Attentat auf das World Trade Center gemacht. Mir wurde vorgeworfen, dass meine Landsmänner Amerika kaputt gemacht hätten. In dem Moment fühlte ich mich hier unwohl, aber nur für einen kurzen Moment. Ich dachte nur, warum wird von „meinen Landsmännern" gesprochen! Ich lebe doch hier in Essen und die Deutschen sind meine Landsmänner. Für mich ist Deutschland mein Land, doch in dem Moment kam ich mir in meinem eigenen Land fremd vor. Nur weil meine Hautfarbe und Haarfarbe nicht der vieler Deutscher entspricht, soll ich mich in dem Land, in dem ich aufgewachsen bin, fremd fühlen?

Für mich ist dies meine Heimat und mein Zuhause. Mag sein, dass es manchen nicht passt, dass ich Deutschland als mein Vaterland ansehe, aber ich fühle mich hier zuhause. Ich kann sagen, dass ich vielleicht fremd aussehe, aber hier zu Hause bin.

Riti Makkar (19 Jahre)

Familienzusammenführung in Deutschland

Ich wurde in der Türkei geboren und lebe seit neun Jahren in Deutschland. Als ich einen Monat alt war, ging mein Vater nach Deutschland, und meine Mutter hat uns, also meine beiden älteren Schwestern und mich, allein groß gezogen. Als ich sechs Jahre alt war, kam ich auch mit meinen Schwestern nach Deutschland, und meine Mutter blieb in der Türkei. Als wir am Flughafen ankamen, haben meine Schwestern meinen Vater umarmt. Ich stand nur daneben und guckte sie an. Ich kannte meinen eigenen Vater nicht. Dann sind wir zweieinhalb Jahre ohne Mutter und ohne Vater aufgewachsen. Mein Vater kam ein bis zwei Mal pro Monat zu uns nach Hause und gab uns Geld zum Einkaufen. Wir hatten genug Geld, aber keine Liebe!
Meine älteste Schwester ist jetzt 19 Jahre alt. Sie hat immer auf uns aufgepasst. Manchmal haben unsere Nachbarn für uns gekocht. Als ich in die Grundschule eingeschult wurde, konnte ich kein einziges Wort Deutsch reden. Ich wurde immer von anderen Kindern geärgert und geschlagen! Als es irgendwann Zeugnisse gab, kam keiner mein Zeugnis abholen. Das war für mich das Schlimmste.
Nach zweieinhalb Jahren kam endlich meine Mutter aus der Türkei nach Deutschland. Es war so ein schönes Gefühl, wieder die Mutter neben sich zu haben.

Jedes Mal, wenn mein Vater nach Hause kam, stritten sich meine Eltern. Ich hasste meinen Vater, bis es nicht mehr ging. Er beschimpfte uns zwar nicht mit schlimmen Worten, wollte uns aber schlagen. Irgendwann haute mein Vater ab und kam nicht mehr zurück. Ohne ihn waren wir sehr glücklich. Meine Mutter ging auf dem Friedhof arbeiten, sie tat alles für uns. Sie wurde fünfmal operiert, und jedes Mal war mein Vater nicht bei uns. Als ich zwölf Jahre alt wurde, kam er jedoch nach Hause zurück. Wir alle hassten ihn außer meiner siebenjährigen Schwester. Sie ist auch fast ohne Vater aufgewachsen. Mein Vater lebt jetzt seit Jahren bei uns und ist selbstständig. Jedes Mal, wenn ich ihn sehe, kommen alte Zeiten vor mein Auge, und jedes Mal tut es weh. Zur Zeit verstehen wir uns gut, weil wir uns nicht so oft sehen. Meine Mutter sagt uns immer: „Nach einiger Zeit werdet ihr euren Vater lieben." Es tat meinem Vater auch sehr leid, was er gemacht hatte. Aber man macht einmal oder zweimal Fehler und dann nicht mehr. Aus Fehlern sollte man etwas lernen. Jeder Mensch kann Fehler machen, aber nicht immer denselben. Ich habe auch Fehler gemacht und habe daraus gelernt.

Meine älteste Schwester ist für mich sehr wichtig, sie kommt immer für mich an erster Stelle. Danach kommen meine anderen Geschwister, meine Freunde und meine Eltern.

Vor vier Monaten sind wir nach Essen umgezogen. Hier fühle ich mich ganz einsam, da ich fast niemanden kenne. Meine alten Freunde kann ich auch nicht mehr so oft sehen. Seit zwei Monaten habe ich mit ihnen Streit, weil ich mich angeblich verändert hätte. Nachdem ich die Schule gewechselt hatte, bin ich immer nach Gladbeck zu meiner alten Schule gefahren und habe sie besucht. Manchmal habe ich sie angerufen und stundenlang mit ihnen telefoniert. Jetzt frage ich mich selbst, wer sich verändert hat, sie oder ich? Sie haben mich nie angerufen, unsere viereinhalbjährige Freundschaft war zu Ende. Wahre Freunde gibt es nicht mehr!!! Ich zumindest glaube nicht mehr an so was. Von außen schätzt man mich ganz anders ein, als ich bin.

In der Schule bringe ich die anderen sogar zum Lachen. Manche sagen sogar, dass ich nicht mehr normal bin. Aber keiner hat mich bis jetzt gefragt, ob ich wirklich so glücklich bin. Keiner kann anderen das Innere öffnen und nachschauen, was wirklich drin steckt. Ich hatte schöne Tage, aber dafür auch doppelt schlechte Tage, an denen ich immer anfing zu weinen. Der schlimmste Tag war für mich der Vatertag. Alle meine Freunde erzählten, was sie für ihre Väter gekauft hatten, und ich stand neben ihnen und hörte zu. Ich kann einfach die alten Zeiten ohne Mutter und ohne Vater nicht vergessen. Sogar jetzt, wenn ich das alles schreibe, kommen mir die Tränen in die Augen. Auf meiner neuen

Schule weiß nur Tuba alles über mich. Sie hört mir zu, wenn ich von meiner Vergangenheit erzähle. Ich muss es jemandem erzählen, sonst platzt man irgendwann und fängt wieder an zu weinen. Ich vermisse (suche) meine Kindheit, die ich nie erleben konnte.

Ich sage es jedes Mal: Ich werde nie die gleichen Fehler mit meinen Kindern machen, die meine Eltern mit mir gemacht haben. Jetzt denke ich nur noch an meine Zukunft. Sobald ich mit meiner Schule fertig bin und einen Ausbildungsplatz gefunden habe, möchte ich ausziehen und auf eigenen Füßen stehen. So, das war es von mir.

Dilek Caymac (15 Jahre)

In der Geschichte kannst du Antworten auf deine Fragen finden

Ich möchte gerne etwas über mich schreiben. Ich wurde im Fernen Osten in einer kleineren Stadt namens Blagoweschtschensk geboren. Sie liegt an der Grenze zu China. In Blagoweschtschensk beendete ich die „Mittelschule". Danach kam ich mit meinen Eltern nach Deutschland. Bis zu diesem Zeitpunkt hatte ich keine Deutschkenntnisse. Ich nahm an Deutschkursen teil, doch haben mir diese fast gar nichts gegeben. Ich höre schlecht, und diese Kurse waren für Teilnehmer mit normalem Gehör. In Russland habe ich eine Schule besucht, die allen Menschen offen stand. Für mich war es nur ein bisschen schwieriger als für die übrigen, es war bei weitem nicht so schwer wie hier.
Nach 17 Jahren Leben in Russland war ich an die russische Sprache gewöhnt, in Deutschland ist es nach zweieinhalb Jahren immer noch sehr schwer für mich. Ich bin schon 20 Jahre alt und besuche ein Gymnasium. Ich möchte Psychologe werden. Mich interessiert dieses Gebiet sehr. Probleme mit der deutschen Sprache habe ich auch noch. Es gibt im Unterricht Theorie und immer wieder Theorie, zu wenig Praxis. Nur in der Schule habe ich mit Deutsch zu tun. Ich wohne fünf Tage in der Woche im Internat. Am Wochenende fahre ich nach Hause. Seit unserer Ankunft in Deutschland habe ich angefangen, mich für Geschichte zu begeistern. In der

Geschichte kannst du, meiner Meinung nach, Antworten auf all deine Fragen finden. Wenn du weißt, was du suchst! Ich entferne mich nicht von der Realität. Ich will wissen, was vor mir war.

In Deutschland gefällt mir noch, dass hier niemand auf Leute mit Hörschwierigkeiten herabschaut. Das ist für sie ganz normal.

Anton Dolber (17 Jahre)

Die Chance zwischen den Kulturen

Mein Leben begann am 21. September 1986 in Deutschland. Meine Eltern kamen als Gastarbeiter nach Essen. Sie verließen die Türkei in den siebziger Jahren und versuchten sich in Deutschland ein neues Leben aufzubauen. Deshalb erlernten beide schnell die deutsche Sprache. Inzwischen sprechen meine Eltern fließend deutsch und haben sich so gut wie möglich integriert.

Seit meiner Geburt bin ich mit zwei verschiedenen Kulturen aufgewachsen, zum einen mit der türkischen und zum andern mit der deutschen. Mein Vater legt sehr viel Wert auf seine Muttersprache. Aus diesem Grund wurde zu Hause, soweit es möglich war, türkisch gesprochen. Doch meist war es so, dass der Satz, den man baute, aus vier türkischen und drei deutschen Wörtern bestand. Dies geschah unbewusst, weil man die Wörter, die man im Türkischen nicht kannte, einfach durch deutsche Wörter ersetzte und umgekehrt. Dies führte dazu, dass ich zunächst beide Sprachen nicht perfekt beherrschte, sondern nur teilweise.

Natürlich bemühen sich meine Eltern, auch ihre eigene Kultur beizubehalten und diese an uns Kinder weiterzugeben. Aufgrund dieser Tatsache bin ich durch die türkische Kultur geprägt und fühle mich immer noch wie eine Türkin, obwohl ich hier geboren und aufgewachsen bin und zudem auch den deutschen Pass besitze. Zur Zeit besuche ich die

Oberstufe und werde voraussichtlich 2006 mein Abitur machen. Danach habe ich vor, eine Ausbildung zu absolvieren. Mein Vater ist jedoch nicht meiner Meinung. Er möchte, dass ich nach meiner Schulzeit die Universität besuche, um im späteren Berufsleben höhere Positionen einnehmen zu können.

Ich finde es gut, dass mich mein Vater bei der Bildung unterstützt, denn mir ist bewusst, dass viele Mädchen, die aus der gleichen türkischen Region stammen wie ich, nicht von den Eltern unterstützt werden, weil sie Mädchen sind und nach der Heirat sowieso nicht ins Berufsleben einsteigen dürfen. Viele Menschen behaupten, dass das Aufwachsen zwischen zwei Kulturen problematisch ist, doch sehe ich es als große Chance. So habe ich die Möglichkeit, mir mein eigenes Weltbild aus zwei Kulturen heraus zu entwickeln.

Inci Kaynak (19 Jahre)

Mittlerweile sind die Tränen getrocknet

Marisch ist siebzehn und kommt aus Essen. Seit ihrem sechsten Lebensjahr lebt sie schon in dieser Stadt. Sie hat sich dort gut eingelebt und ist froh, dort leben zu können, auch wenn in ihr ab und zu der Gedanke aufkommt, nach Kuba auszuwandern. Denn dort fühlt sie sich genauso zu Hause wie in Deutschland. Marisch ist afrikanischer Herkunft, ihr Vater Dames stammt aus Südafrika, und ihre Mutter Juanita ist Kubanerin. Geboren wurde sie in Havanna. Sie ist also in zwei unterschiedlichen Kulturen aufgewachsen und wurde auch oft damit konfrontiert. Marischs Eltern kamen nach Deutschland, weil ihr Vater seinen Job auch von Europa aus bewältigen konnte. Da er schon immer nach Europa wollte und er dort Chancen für sich sah, fiel ihm der Umzug nicht schwer. Doch Marisch und ihre Mutter Juanita haben dies nur sehr schwer verkraftet. Es war für sie eine große Hürde, das alles zu meistern, vor allem für Marisch. Sie war gerade erst sechs Jahre alt und wurde von den Menschen weggerissen, die sie liebte und mit denen sie aufwuchs. Ihre Mutter musste tagelang bei ihr schlafen, damit Marisch ihre Augen zubekam.
Mittlerweile sind ihre Tränen getrocknet, und sie kann sich gar nicht mehr vorstellen, woanders zu leben. Hier hat sie alles, was sie braucht, gute „Freunde" und eine liebevolle „Familie". Gerne erinnert sie sich daran, wie es war, als sie nach Europa

kam. Sie hat gute, aber auch schlechte Erinnerungen daran, das erste Mal als „Fremde" in ein „fremdes" Land zu ziehen.

Der erste Schultag gehört zu den schlechten Erinnerungen und Erfahrungen. Alle Kinder in der Schule starrten sie an und fragten ihre Eltern: „Mama, warum ist dieses Mädchen denn so braun?" Natürlich war Marisch zu klein, um dies alles zu verstehen, aber sie wusste, dass sie anders war als die anderen. Sie war damals die einzige Farbige in ihrer Klasse und kannte dieses Gefühl von „Anstarren" nicht.

Später fragte Marisch ihre Mutter, warum sie die Kinder so anstarrten. Ihre Mutter antwortete: „Du magst vielleicht eine andere Hautfarbe haben, aber letztendlich sind wir alle gleich. Mach dir nichts daraus, denn du bist etwas ganz besonderes." Marisch musste häufig an die Worte ihrer Mutter denken, wenn die Kinder sie anstarrten und mit dem Finger auf sie zeigten, denn es gab ihr immer Kraft. Oft war sie allein, dadurch, dass sie anders war, aber das änderte sich schnell, als sie Louisa traf. Louisa war immer für sie da, wenn sie sie brauchte. Marisch ist sehr stolz, dass sie eine Freundin wie Louisa haben darf. Manchmal gab es Momente, in denen sie dachte „Wäre das schön, wenn wir wieder auf Kuba sein könnten!", aber Louisa gab ihr Kraft und Halt. Sie fühlt sich jetzt in Deutschland so wohl, dass sie gar nicht mehr weg will. Sie macht schöne Erfahrungen und auch schlechte, durch die sie Kraft schöpft und die ihre Person prägen.

Sandra Matumona (18 Jahre)

Die Geschichte eines libanesischen Mädchens

Nun möchte ich Ihnen die Geschichte eines libanesischen Mädchens erzählen, das in Deutschland aufgewachsen ist. Dieses Mädchen heißt Rahiel und ist zwanzig Jahre alt. Sie wurde in Essen geboren und lebt somit schon zwanzig Jahre dort. Ihre Eltern mussten nach Deutschland fliehen, da in ihrem Heimatland Bürgerkrieg herrschte. Sie lebten erst mal in Berlin in einem Heim, dies aber nur für drei Monate, da ihr Vater unbedingt die Arbeit, die er schon im Libanon ausgeübt hatte, hier weiterführen wollte. Zunächst verkaufte er Naturdärme, heute ist er selbstständig und besitzt Firmen in Beirut im Libanon und in Essen.

Rahiel hat sieben Geschwister, und somit war es bei ihr zu Hause nie langweilig. Alle Familienmitglieder waren bemüht, die deutsche Sprache zu lernen. Der Vater ging neben seiner Arbeit noch in die Volkshochschule und besuchte dort einen Deutschkurs. Ihre Mutter knüpfte Kontakte zu den deutschen Nachbarn und lernte so die deutsche Sprache. Rahiel lernte sie von ihren älteren Geschwistern. Die Familie versuchte sich so gut wie möglich an zu passen, doch war das aufgrund ihrer Religion nicht immer ganz einfach. Die Familie lebt nach dem Islam. Der Islam besagt, dass ein Mädchen bzw. eine Frau sich verhüllen soll. Rahiel entschied sich mit zwölf Jahren dafür, ein Kopftuch zu tragen. Sie machte sich auf dumme Bemerkungen gefasst. Als sie in der neunten Klasse ein Betriebs-praktikum in einer Apotheke machen wollte, wurde sie gebeten, das Kopftuch ab zu nehmen oder sich etwas anderes zu suchen. Dies war das erste Mal, dass sie aufgrund ihres Kopftuches abgelehnt wur-de. Rahiel spricht gern mit jedem darüber, was es bedeutet, auf diese Weise diskriminiert zu werden, doch verletzend war ihr gegenüber sonst noch nie-mand.

Wie schon erwähnt, kommt Rahiel aus dem Liba-non. Jedes Jahr im Sommer fliegt sie für sechs Wo-chen dorthin, um ihre Verwandten und Freunde wiederzusehen. Doch ein Leben dort kann sie sich nicht vorstellen, da sie sich zu sehr an das Leben in Deutschland gewöhnt hat. Heute besucht sie die zwölfte Klasse der Erich-Kästner-Gesamtschule und hofft auf einen guten Schulabschluss, um dann et-was Vernünftiges studieren zu können.

Rahiel Khalil (20 Jahre)

7. fremd und doch daheim

Auf der Wiese

Er liegt auf der Wiese. Um ihn herum ist alles still. Er beobachtet den Himmel und die Wolken. Das Rauschen des Flusses wiegt sich geschmeidig in seine Traumwelt ein. Von weitem hört er Vögel. Es ist ihm, als ob sie eine Symphonie vollführen. Er genießt die Natur, ihren Duft sowie ihre Geräusche. Er genießt die Ruhe, schwelgt in Gedanken. Die Sonne wärmt seine Haut. Es ist ein angenehmes Gefühl, ebenso wie das Gras, das ihn kitzelt. Er beobachtet, wie die Ringe auf dem Wasser erscheinen und wieder verschwinden. Er fühlt sich vollkommen und zufrieden. Fast wie fernab, im Urlaub.
Er könnte Stunden so weiter machen, einfach herumliegen. Doch er beschließt ein Stück zu laufen.
Es geht von Grün auf Grau!
Lärm schmettert auf ihn ein. Abgase drohen ihm den Hals zuzuschnüren. Menschenmassen, die auf einmal um ihn herum sind. Ihm ist, als ob er zu ersticken drohe.
Zwei Welten - …. – unvereinbar?
Nicht hier. Mitten im Ruhrgebiet. Mitten in Essen.

Sascha Brandt (19 Jahre)

So gefällt es mir nicht hier

ich denke mir
was mache ich hier
so gefällt es mir nicht hier
ausländerfeindlichkeit
ist keine menschlichkeit
beschuldigt werden wir
dafür verantwortlich gemacht
das werden wir
was sollen wir dann hier
ohne ausländerfeindlichkeit
wäre es so schön hier

Derya Gökyar (16 Jahre)

Memories

Kindheit
Ein Wort das für mich so viel bedeutet
Wie Flucht,
Flucht vor dem Wesen aus meiner Vergangenheit,
ein Wesen, das mir ausnahmsweise so nah stand,
dass ich ihm nicht entkommen konnte!

Lachen
Konnte ich nur,
wenn ich nicht bei ihm war.
Ich war für jede Gelegenheit dankbar:
Schule, Freunde, sonst wo, nur nicht dort,
wo ES war!
Fremd sein
Nicht akzeptiert werden.
Unwohl fühlen,
Gefühle, die sich
in mir ausbreiteten,
wenn ich bei ihm war!

Jetzt habe ich die Zeit überwunden.
Ich war einmal stark, mich ihm zu stellen.
Doch es schmerzt,
an die Löcher meiner Vergangenheit zu denken.
Deswegen möchte ich nie wieder
an dieses Wesen erinnert werden.

Jasmin Otto (16 Jahre)

Der richtige Ort

Meine Heimat liegt im Mittleren Osten,
hier bin ich nur ein Gast.
Ich bleibe hier, weil mich hier niemand hasst.
Doch meine Verwandten haben nicht vor zu rasten,
sie suchen sich Arbeit
und wollen auch sonst nichts geschenkt.
Sie ernähren ihre Kinder und auch sich selbst.
Es läuft alles gut in diesem Land,
doch irgendwann ist es mir nicht mehr gut genug,
denn mein Land ist mir am besten.
Dort will ich zur Ruhe gehen, wenn ich nicht mehr
kann auf meinen Beinen stehen.
Dort, in meinem Land,
genau dort ist der richtige Ort,
um das letzte Licht zu erblicken
und meine Seele dem fernen Himmel zu schicken.

Mohamed Siala (19 Jahre)

Ausländer?

Ich bin geboren in Deutschland
Ich spreche fließend Deutsch
Meine Freunde sind deutsch
Meine Heimat ist Deutschland

Ich war nur viermal im Ausland
In meinem gesamten Leben
Sah ich kaum etwas anderes
Als Deutsch und in Deutschland

Dennoch werde ich täglich
Von Deutschen angegriffen
Von Deutschen die weniger
Deutsch können als ich

Sie sagen geh zurück
Dahin wohin du gehörst
Wohin gehöre ich denn
Wenn nicht in meine Heimat

Der Heimat meiner Eltern
Gehöre ich schon lang
Nicht mehr an - dort bin ich
Nur der Deutschländer

Ich wollte deutsch sein
Ich wollte wissen wer ich bin
Ich habe den deutschen Pass
Warum bin ich dann immer noch
AUSLÄNDER

Musa Akdere (19 Jahre)

Fremd und doch daheim

FREMD

    eine hohe Mauer
    ein unbekanntes Gebäude
    Wo bin ich?

FREMD

    schmerzende Angst
    Ich merke eine Träne läuft
    meine Wange hinunter

Doch ein Lächeln

eine wohltuende Wärme strömt durch meinen Körper

Ich bin daheim.

Veronika Effling (16 Jahre)

Jennifer im Glück

Im Jahr 1965 gab es einmal eine Familie, die hieß Familie Hendrich Jansen. Sie war sehr reich und berühmt, doch niemand mochte sie, weil sie niemandem half. Die Familie hatte eine moderne Wohnung, und Frau und Herr Hendrich Jansen hatten drei Kinder, zwei waren älter, das jüngste hieß Jennifer. Sie ging erst in die zweite Klasse und war beliebter als die beiden größeren Schwestern, weil diese wie ihre Eltern sehr angeberisch waren. Jennifer ging zur Schule und war dort sehr zufrieden, zuhause jedoch nicht, weil die Eltern keine Zeit mehr für sie hatten. Sie wollte daher immer in der Schule bleiben.

Eines Abends kam die Familie Hendrich Jansen nach der Arbeit wieder nach Hause. Alle saßen sie gemeinsam auf dem Sofa, nur der Vater war nicht dabei. Sie warteten auf ihn, um zu essen, aber er kam erst sehr spät. Er hatte sehr viel Stress gehabt und war enttäuscht. Frau Hendrich Jensen fragte ihn: „Was ist denn los?" Herr Hendrich Jansen antwortete: „Ich habe alles verloren." Sie fragte nach: „Was hast du verloren?" „Meine Arbeit, mein Auto, mein Haus und meine Freunde! Ich habe alles verloren, nur weil ich meine Schulden nicht bezahlt habe. Heute war der letzte Tag. Und jetzt müssen wir weggehen." Jennifer war entsetzt: „Wohin gehen wir denn?" „Auf die Straße natürlich", seufzte ihr Vater, „wir haben keine andere Wahl." Jennifer fiel ihm ins Wort: „Aber ich gehe doch noch in die Schule, ne?" „Nein!", schrie er sie an. „Verdammt noch mal, sei leise!" Da ging Jennifer leise hoch in ihr Zimmer. Sie packte ihre Sachen, um nach draußen zu gehen. Ihre beiden Geschwister waren sehr böse und verließen sie sofort. Sie hatten keine Lust mehr zu bleiben. Da waren sie nur noch zu dritt: die Mutter, der Vater und Jennifer. Aber sie blieben zusammen.

Nach ein paar Monaten wurde die Mutter jedoch schwer krank und starb. Jennifer war sehr traurig. Ihr Vater konnte nicht mehr richtig für sie sorgen, so dass sie oft hungrig war. Als sie einmal mehrere Wochen lang fast nichts mehr gegessen hatte, gab ihr Vater sie in ein Waisenhaus und kam nie wieder zurück. Jennifer bekam wieder alles zu essen, was sie essen wollte, sogar Käsekuchen. Sie ging wieder zur Schule und wurde immer älter. Im Jahr 1982 war sie bereits eine hübsche junge Dame geworden. Sie erlernte einen guten Beruf und wurde eine berühmte Designerin.

Eines Tages sah sie bei der Arbeit einen Mann, der wie sie ein berühmter Designer war. Er sah sie auch, und am Abend fragte er sie, ob sie ihn heiraten möchte. Jennifer sagte: „Ja." Sie bereiteten sich auf die Hochzeitsfeier vor und heirateten. Jennifer war sehr glücklich mit ihrem Mann, und sie wurden noch berühmter. Im Jahr 1989 bekam Jennifer zwei Töchter und gab ihnen die Namen ihrer Schwestern Melissa und Karina. Sie lebten für immer und ewig mit ihren Kindern glücklich zusammen.

Yonca Yildiz (13 Jahre)

Anders und allein

Es gab einmal vor langer Zeit einen kleinen Waisenjungen, der ganz allein war und niemanden hatte, der sich um ihn kümmerte oder sich um ihn sorgte. Schlimmer noch, er wurde verfolgt und gehetzt. Wie ein Untier. Dabei hatte das Kind doch niemandem etwas getan! Es hatte aus der Not heraus etwas alten Stoff geklaut. Denn der Winter war lausig kalt. Aus großer Angst beschloss der Junge, dass sein Leben so, wie es war, nicht weitergehen konnte. Er wanderte aus. Hin zu dem fernen Land, von dem er mal gehört hatte. Es hörte sich toll an, wenn andere davon berichteten. So viel zu essen, dass man nicht mehr hungern musste! So viel zu trinken, dass man keinen Durst mehr haben musste! Und soviel Kleidung, dass man nicht mehr frieren musste. Und das auch noch alles umsonst.
Die Reise erwies sich als gefährlich und mühsam. Tag für Tag wanderte der Junge. Und Nacht für Nacht ruhte er, um Kraft für den nächsten Tag zu schöpfen. Die wilden Tiere des Waldes mieden ihn ebenso, wie die Menschen es getan hatten. Trotzdem hatte er große Angst, denn er war schließlich ganz alleine auf der Welt. Er überquerte Berge, Wälder und Wiesen. Er hatte kaum noch Kraft, sich auf den Beinen zu halten, als er in der Ferne die Lichter einer großen Stadt erblickte. Das musste die Stadt sein, von der er schon soviel gehört hatte.

Sie strahlte ihn an wie ein Stern, der ihm den Weg zur Erlösung zeigte.

Die Hoffnung auf ein wenig Essen, auf ein schönes Leben in menschlicher Gesellschaft trieb den Jungen vorwärts, und er mobilisierte seine letzten Energiereserven. Völlig entkräftet erreichte er die Tore der Stadt. Er war unendlich froh. Doch was war das? Die Menschen, die ihn da so liegen sahen, auch sie kümmerten sich nicht um ihn, sondern mieden ihn. Das Kind fing bitterlich an zu weinen. Was nun?

Offenbar war auch dies nicht der Ort, wo es hingehörte. Nicht mal ein Glas Wasser gab man ihm, als es den Wirt des Gasthauses freundlich fragte und ihm erklärte, wie schlecht es ihm gehe. Ohne ein Wort zu sagen, betrachtete der Mann das Kind, um dann den Kopf zu schütteln und mit dem Finger auf die Tür zu zeigen, die nach draußen führte. Der Stallbesitzer verwehrte ihm selbst den Wunsch, nur bei den Pferden im Stall übernachten zu dürfen. Der Mann erklärte ihm, es solle gehen und nicht wiederkommen.

Das machte den Jungen sehr, sehr traurig, weil er nicht wusste, warum ihn niemand leiden konnte. In seiner Verzweiflung und vor allem, weil sein Magen so stark knurrte, nahm er sich einen alten halb verfaulten Apfel vom Komposthaufen vor der Wirtschaft, um ihn zu essen. Das sah ein alter Mann. Er trommelte die Menschen des Dorfes zusammen. Sie packten das Kind und verurteilten es zum Tode.

Das Kind verstand die Welt nicht mehr, schaffte es jedoch irgendwie noch einmal sich loszureißen und rettete sich in den dichten Wald. Da stand es nun wieder und wusste nicht wohin. Es war anders. Irgendwie ein kleines bisschen anders. Es war fremd und doch daheim auf diesem Planeten, der ihm nichts brachte als Trauer, Angst und das ewige Alleinsein.

Jan Meier (20 Jahre)

Mistwetter, nicht wahr?

Eine Zeitlang war Lea einfach ziellos durch die Straßen und Gassen der Stadt gerannt. Das Mädchen hatte so unüberlegt gehandelt, dass sie jetzt weder Umhang noch Schwert bei sich hatte, denn beides hatte sie bei dem Pferd gelassen, um welches sich dann die Knappen gekümmert hatten. Anfangs hatte ihr der Platzregen nicht viel ausgemacht, doch als auch ein eisiger Wind dazugekommen war, hatte sie angefangen zu frieren. Nun stand sie in irgendeiner kleinen Gasse und hatte sich unter das Vordach eines kleinen Hauses gestellt.

Die langen Arme fest um sich geschlungen stand sie da, noch immer kullerte eine Träne nach der anderen ihre Wange hinunter, heftiges Schluchzen erschütterte zeitweise ihren Körper. Wohin? Wohin nur sollte sie gehen? Nach Hause würde sie niemals wieder gehen, eher würde sie hier erfrieren! Das hatte sie sich geschworen.

Eine alte Frau, welche an ihr vorbeieilen wollte, riss sie aus ihren Gedanken. „Mistwetter, nicht wahr?", murmelte sie, während sie kurz neben Lea stehen blieb, um sich anscheinend auch vor dem Regen zu schützen. Lea zwang sich zu einem Lächeln, welches als Zustimmung gemeint war. Zum Reden hatte sie keine Lust, doch diese alte Frau konnte ja schließlich nichts dafür, dass sie auf ihren Gefühlen herumtrampelte.

Eine Weile standen sie schweigend da, dann ergriff die Alte das Wort: „Der Bach wird wieder über die Ufer steigen, weißt du, das tut er immer, wenn es so stark regnet. Ist schon ein paar Mal passiert. Komm, lass uns schnell nachgucken, ob sich auch keines der Schafe der Bauern in diese Gegend verirrt hat." „Warum gucken die Bauern nicht selbst nach ihren Schafen?", fragte Lea unwillig. Sie hatte keine Lust, jetzt mit dieser alten Frau nach irgendwelchen Schafen zu suchen. „Das tun sie sicherlich. Nur manchmal kommt es eben doch vor, und es wäre ärgerlich. Du weißt doch sicherlich, wie wertvoll ein Schaf ist. Wenn sich eines von meinen Schweinen verlaufen und ich es nicht finden würde, wüsste ich nicht, ob ich den kommenden Winter überstehen könnte. Ich würde mich riesig freuen, wenn mir jemand sagen würde, was mit ihm passiert ist!", antwortete sie fix.

Das Mädchen dachte an Zuhause, hier war alles anders. Zuhause hatten sie auch Schweine gehabt, und sie wusste nur allzu gut, wie wertvoll sie waren. Oft hatte sie Prügel einstecken müssen, wenn ein Tier, auf welche Weise auch immer, verendet war und ihr Vater sauer über den Verlust war. „Sicher", pflichtete Lea ihr bei und stützte die Alte beim Gehen. Der Regen machte ihr nichts mehr aus, sie resignierte völlig, ihr war alles egal. Sie hatte momentan sowieso nichts Besseres zu tun. Warum also nicht eben dieser Frau helfen?

Schweigend gingen sie eine Weile, bis die Frau wieder ein Gespräch anfing. „Du bist nicht von hier, oder? Ich meine, jemanden wie dich habe ich hier noch nicht gesehen!" „Nein, ich bin wirklich nicht von hier", antwortete Lea leise. „Und bei diesem Wetter ganz alleine unterwegs?", fragte die Alte weiter. „Zuerst ja, aber ich habe gedacht, dass es sich geändert hätte. Leider musste ich feststellen, dass dem nicht so ist. Ich war alleine, die ganze Zeit alleine, ich habe es nur nicht gemerkt.!" Eine weitere Träne fiel herab, vermischte sich mit den Regentropfen, die über ihr Gesicht liefen und letztendlich an ihrem Kinn abtropften.

(aus einem Romanmanuskript)
Ursula Claaßen (17 Jahre)

Der Neuanfang

Es war einmal eine Prinzessin, die mit ihren Eltern ein scheinbar schönes Leben führte. Ihr Vater las ihr die Wünsche von den Augen ab. Es fehlte zwar etwas, doch sie wusste nicht was.

Eines Tages wurde ihre Mutter auf eine andere Burg gerufen. Sie sollte dort der Schwester einer Freundin helfen. Dies traf sich gut, denn auf ihrer Burg gefiel es ihr schon lange nicht mehr. Später besuchte die Prinzessin sie einmal in ihrer neuen Unterkunft. Die Mutter hatte ein schönes Gemach bekommen. Es war schön eingerichtet, und die Umgebung war auch schön. Die Mutter teilte ihr bei dieser Gelegenheit mit, dass sie dieses Land als ihr neues Zuhause betrachte. Und so suchte sie sich in der Umgebung eine eigene kleine Burg. Die Prinzessin fühlte sich dort sofort auch wohl.

Die neue Burg war natürlich noch relativ leer. Sie hatten zwar Betten und ein paar Möbel, doch gab es erst wenige persönliche Dinge. Der Vater blieb auf der alten Burg. Er wollte sich weiter um sein Volk kümmern und seine Burg nicht verlassen. Er und seine Tochter sahen sich zwar noch öfters, doch fühlte sie sich auf der neuen Burg wohler. Sie musste jetzt lernen, nicht mehr nur Prinzessin zu sein, sondern auch die Tochter ihrer Mutter und ihr helfen. Und das war, was ihr gefehlt hatte. Obwohl sie mit ihrem neuen Zuhause kaum Gefühle in Verbindung bringen konnte, so fühlte sie sich doch dort geborgen. Es war alle ganz neu für sie, doch sie sah diesen Neuanfang als Chance, ihr Leben zu ändern. Und so würde die Burg auch bald mit Erinnerungen und Gefühlen angefüllt sein. Und so fühlte sie sich in dieser eigentlich noch fremden Welt daheim.

Marie Szymnaski (16 Jahre)

Ich bin der glücklichste Mensch der Welt!

Ich sitze in meinem Zimmer, schaue aus dem Fenster und sehe dem Regen zu, der unaufhörlich vor die Fensterscheibe schlägt. Eine Zeitlang beobachte ich die sich wiederholenden Regenbahnen, die am Fenster herunterlaufen, um dann im Nichts zu verschwinden. So, wie meine Gedanken im Nichts verschwinden sollten!

Das dumpfe Geräusch der Regentropfen, welches ab und zu durch den peitschenden Wind in seiner Monotonie unterbrochen wird, trägt nicht gerade zu einer gehobenen Stimmung bei. Ein Gefühl der Leere bemächtigt sich meiner und lässt mich schwer und träge werden. Meine Gedanken kreisen und wandern in letzter Zeit immer öfter in die falsche Richtung. Ich will Spaß haben und mir keinesfalls philosophische Gedanken über den Sinn des Lebens machen. Mein bisheriger Lebensstil lässt mir keine Zeit zum Luftholen, geschweige denn zum Nachdenken. Doch jetzt, hier und in meinem Zimmer, holt mich die Zeit ein. Die Zeit, die ich für mich habe und die mir große Angst macht.

Klar, heute in der Schule ist nicht alles so gelaufen, wie es laufen sollte. Habe eine Vier geschrieben. Aber so richtig ärgern kann ich mich darüber nicht. Es ist mir schlicht egal. Kann mir doch nicht durch eine schlechte Schulnote die Stimmung verderben lassen. So weit kommt es noch! Habe doch schließlich einen Ruf zu verlieren! In einer halben Stunde kommen meine Freunde, die sind immer gut drauf, und für die bin ich der „King". Mit mir kommt Stimmung auf.

In letzter Zeit fühle ich mich manchmal jedoch so wie jetzt, richtig merkwürdig. Immer wieder sage ich mir „Ich bin cool" und der glücklichste Mensch der Welt. Dann höre ich meinen Song, und mir geht es besser. Wenn meine Freunde da sind, bin ich wieder der Alte. Doch immer weniger funktioniert dieser Trick. Die Traurigkeit und das Gefühl des Verlassenseins lassen sich nicht so leicht abschütteln, wie das kleine Hunde können, wenn sie aus dem Wasser kommen und sich mit ihrem ganzen Körper schütteln. Immer und immer wieder habe ich versucht mich mit meinem ganzen Körper zu schütteln und mich zu wehren. Diese Gefühle kann ich nicht gebrauchen. Sie passen nicht zu mir. Ich bin das nicht. Haut endlich ab! Mein verstecktes Selbst brodelt wie ein Vulkan in mir kurz vor dem Ausbruch und versucht langsam aber stetig an die Oberfläche zu gelangen. Doch das lasse ich nicht zu! Auf gar keinen Fall! Ich will nicht von diesen Gefühlen vergiftet werden. Leben bedeutet Spaß und nicht Grübeln, Traurigkeit oder was auch immer!

Es fällt mir leider immer schwerer, die Rolle, die ich für mich ausgesucht habe, perfekt zu spielen. Denn ich habe genug damit zu tun, mein verstecktes ICH zu bändigen. Es soll ja keiner Verdacht schöpfen, dass ich zwei Seiten habe. Dies würde meine Clique nicht verstehen, und ich wäre der Spielverderber.

Als wir letztens mit der Clique unterwegs waren, lief im Radio ein Lied von Herbert Grönemeyer: „Du fehlst!" Die andern lachten und grölten über die Schnulze, doch ich hatte Mühe, das Monster in mir zu bändigen. In mir brodelten heiße, trockene, un-geweinte Tränen, die mich fast zum Zerplatzen brachten und mir die Luft zum Atmen nahmen. Ein schwerer Stein lag in meiner Magengrube, und ich konnte nur noch denken „Papa, DU fehlst!". Mit meiner ganzen Kraft schaffte ich es, die Herrschaft über mich und meine Gefühle zurückzugewinnen und im allerletzten Augenblick ein Grinsen auf mein Gesicht zu zaubern. Das war knapp. Aber geschafft! Es klingelt. Meine Gedanken waren abgeschweift. Ich fahre mir mit den Händen durchs Gesicht und gehe zur Tür, um zu öffnen. Wie immer ganz der Alte.

Florian Stadie (18 Jahre)

Gefangen

Es war Zeit. Seine Zeit, und er reflektierte Geschehnisse aus der Vergangenheit, die noch heute so viel Kraft besaßen, ihm die Tränen in die Augen zu treiben. Tief in Gedanken saß er auf einer braunen, vom Wind arg ramponierten Parkbank und nahm die Umwelt um sich herum kaum noch wahr. Es war einer jener Momente, in denen dem Menschen aufgezeigt wird, wie schwach und unbedeutend er doch eigentlich ist.

Was war nur falsch gelaufen und warum fühlte er sich gerade in diesem Moment so miserabel? Hauptsächlich, das war ihm klar, war es seine Neigung, die ihn von anderen Menschen deutlich unterschied. Er war anders. Anders als der von der Gesellschaft definierte Durchschnittsmann.

Er wusste nicht mehr, wann es genau gewesen war. Irgendwann in der Pubertät war ihm aufgefallen, dass er sich zu femininen Dingen hingezogen fühlte und lieber heimlich die Damenkleider seiner Mutter trug als ein Fußballdress. Zudem hatte er die Jungs auf seiner Schule nicht als einfache Kumpels angesehen, sondern für einige von ihnen starke Gefühle entwickelt. Schon recht früh war er zu der Erkenntnis gelangt, im falschen Körper geboren zu sein. Gerade jetzt, da es ihm gefühlsmäßig schlechter ging als jemals zuvor in seinem Leben, stellte er sich die Frage, ob sein Leben eine Strafe sei. Wenn das der Fall war: Wofür musste er die aus seiner Neigung heraus geborene Isolation ertragen?

An materiellen Dingen mangelte es ihm nicht. Erfolgreich im Beruf hatte es der Mittdreißiger geschafft, Geld an die Seite zu legen und sich so ein komfortables Leben erlauben zu können. Sein soziales Umfeld hingegen beschränkte sich auf einige wenige, meistens auf ihn allein.

Er war gefangen. Gefangen in dem Körper, der ja eigentlich ihm gehörte und sein Zuhause sein sollte. Solange er sich erinnern konnte, war das nun schon so, und er wollte endlich raus aus seiner Hülle. Frei sein, schoss es ihm durch den Kopf. Das war es, wonach er suchte und was er nie in seinem Leben hatte wirklich sein können. Eingesperrt in einer Hülle, so kam er sich vor, wenn er seinen muskulösen, männlichen Körper betrachtete, den er bei anderen Männern so begehrenswert fand.

Sein Outing, seine frühere Absicht, etwas an seinem Leben zu ändern, war bei seiner Familie und bei seinen Freunden auf Ablehnung gestoßen. „Geh deinen Weg, mein Junge, aber mach deiner Mutter keinen Kummer. Es ist besser, wenn du gehst." waren die letzten Worte, die ihm sein Vater mit auf den Weg gegeben hatte. Von seiner Familie hat er seitdem nie wieder etwas gehört. Das Leben hatte sich damals schlagartig geändert, und die Gefühle, die er durchlebte, sind kaum in Worte zu fassen. Leere. Ja, Leere, das war vielleicht ein schlichtes, aber treffendes Wort. Abends, wenn er alleine war und die Stille um ihn herum ihn drohte ganz und gar zu zermürben, weinte er. Dann spielte er hin und wieder mit dem Gedanken, sein Leben einer höheren Macht anzuvertrauen. Sein Schachzug, das wusste er damals schon, war gründlich fehlgeschlagen, und er wünschte sich, dass er niemals das Wort Transsexualität in den Mund genommen hätte. Er hatte die Menschen, die ihm etwas bedeuteten, zutiefst enttäuscht und sich selbst damit in ein tiefes Loch gestürzt. Abend für Abend war es die Trauer, die ihn beherrschte. Der Schmerz zog sich vom Herzen ausgehend durch den ganzen Körper. Wie Stromstöße durchzogen sie Mark und Bein und ließen ihn nicht zur Ruhe kommen.

In den Augen vieler war er Abschaum. Und genauso fühlte er sich. Der letzte Dreck strahlte im Vergleich zu ihm wie der Morgenstern am Abendhimmel. Und auch wenn er das Gefühl von Einsamkeit hatte oft verdrängen können, so wusste er, dass es nicht so weitergehen konnte. Die Tatsache, dass er Abend für Abend unglücklich und einsam einschlief, machte ihn depressiv. Einsamkeit war das Letzte, was er den Rest seines in seinen Augen verkommenen Lebens ertragen wollte. Das auszuhalten, erschien ihm unmöglich. Er erwachte aus seinem schon fast komatösen Zustand und stand von der Bank auf. Wenige Meter entfernt gab es eine Brücke, die ihm schon immer sehr gefallen hatte und die er regelmäßig, Tag für Tag, mit dem Auto auf seinem Weg zur Arbeit überfuhr. Er peilte sein Ziel an und ging zielstrebig auf sie zu, bis er sie erreichte. Völlig klar im Kopf, seine Situation vor Augen, stieg er auf die Brüstung. Er wollte frei sein!

Jan Meier (20 Jahre)

Über die Brücken des Lebens sollten wir gemeinsam gehen!

Ich sehe eine Brücke über einen Bach. Die Brücke ist sehr schmal. Ich glaube, dass man sich festhalten muss, wenn man über sie geht. Sie verbindet die eine Seite mit der anderen, und der Bach ist kein Hindernis mehr.

Im Leben ist es ähnlich, da muss man öfter die Seiten wechseln und Hindernisse überqueren. Ich stehe oft auf einer Seite und finde keine Brücke, über die ich gehen kann. Manchmal ist eine Brücke da, aber kein Geländer, an dem man sich festhalten kann. Dann sieht es dumm aus, und ich möchte am liebsten in den Bach springen. Das geht aber auch nicht, also bin ich auf Hilfe angewiesen. Ich denke, du bist dann da, um mir zu helfen, oder ein anderer Mensch, der mich mag.

Die Brücke symbolisiert vielleicht auch den Übergang (Wechsel) vom Leben zum Tod. Da wird es dann noch schwieriger, den Übergang zu finden. Denn wer hilft einem schon dabei? Leben und Tod gehören zusammen. Wir sind an der Brücke und müssen versuchen, auf die andere Seite zu kommen, ob mit oder ohne Hilfe. Dann erwartet uns das ewige Leben. Das heißt, dass wir dann nie mehr über Brücken gehen müssen!

Rabih Semmo (16 Jahre)

Ein bisschen mehr Licht im Leben

Der Herbst hatte eine goldene Decke über das Land gelegt. Mühsam wärmte die Sonne frierende Schultern, und der Himmel beschenkte die ausgetrocknete Erde immer öfter mit Regen. Eines Morgens waren die grauen Regenpfützen in der Stadt mit einer dünnen Eisschicht überzogen, und auf den Fenstern bildeten sich merkwürdige Fäden aus Raureif. Der glückliche Sommer ist vorbei; bald kommt der Winter: Skier, glitzernder Schnee, rotwangige Gesichter .... Aber nein.

Wir sahen Beeren, Blätter und singende Vögel. Eine Emigrantenfamilie ging auf in der Gemeinschaft, im Genuss der ersten, gezwungenermaßen untätigen Wochen. Aus aufgeregten Radioberichten waren für sie nur die Begriffe *Ukraine* und *Irak* zu verstehen.

Dezemberdämmerung legte sich über die weite, noch ganz grüne Stadt – nicht die beste Zeit, um neue Eindrücke zu gewinnen! Aber Aachen und Münster, Köln und Düsseldorf konnten die achtzehnjährige Ausländerin nicht gleichgültig lassen. Sie war bezaubert von der grandiosen Gotik, und unerhört enge Gässchen mit altertümlichen Häusern versetzten sie unweigerlich in märchenhafte Stimmungen. Auch der bunte Weihnachtsmarkt in Essen mit vielen lächelnden Gesichtern und angeregter Laune hat die winterlichen Abende aufgehellt.

Offen gestanden, manchmal bin ich innerlich weg-gelaufen: Flucht in die heißen Sommertage, während derer sich die Krim mit Studenten der ganzen Ukraine füllte. Glücklich und geliebt, unzertrenn-lich und untrennbar standen wir auf den Steinen am Meer und kletterten auf den Felsen herum, fin-gen wir die Wellen mit den Händen und rannten von den Gipfeln herunter, träumten und schenkten dem Sternenhimmel unsere Lieder. Aber man kann nicht immer in der Vergangenheit bleiben – das ungewohnt kurze Tageslicht holte mich wieder in den deutschen Winter zurück.

Die erste Zeit war voller Kontraste. Stunden von staunender und begeisterter Lebensfreude wech-selten mit Apathie. Freunde berichteten per Post davon, wie gemeinsame Pläne verwirklicht wur-den, regten sich auf über Prüfungen, fragten nach Deutschland. Ich hingegen musste mich mit dem Gedanken anfreunden, dass ich drei Jahre lang auf meinen Studienplatz warten musste. Mit meinem ganzen Wesen habe ich trotzdem das Neue wie ein Geschenk des Himmels aufgenommen und ging zur Schule.

Dann wurde es wieder wärmer. Das Halbdunkel der ersten Unterrichtsstunde verwandelte sich in Sonnenlicht. Die Ruhr spiegelte smaragdenes Grün und trat über ihre Ufer. Da begann ich zu spielen: das Spiel einer Schülerin – Antworten im Unter-richt, Zeichnen, Fußball .... . Mein einzig echtes

Interesse bestand darin zuzuhören. Mit jedem Tag erschienen mir die Menschen in Deutschland verschiedener von uns. Im übrigen fiel es mir schwer, nicht zu lachen: über mich, das Leben, über die Schule und Schulkameraden .... Das war ein Wettkampf, dessen Ergebnis möglichst gut ausfallen sollte, aber wie im Spiel ließ sich der Ausgang nicht steuern. Es war so, als hätte jemand einem noch ein Stückchen Kindheit geschenkt, welches man auskosten möchte, ohne sich um Kleinigkeiten zu kümmern.

Und eines Tages hat mich der *Arc de Triomphe* Remarques dazu gebracht, den „Triumphbogen" noch einmal neu zu durchleben. Böll, Brecht, Zweig, Andersen, Goethe .... Essen wurde mein Zuhause. Alles ist noch überwältigend groß und unbekannt, aber die Stadt macht mich jeden Tag mehr mit sich vertraut. Und bietet mir eine gute Zuflucht für die Zukunft, falls ich wieder umziehen werde.

Es ist Abend. Der lange Sommertag dringt noch mit aufgeregten Straßengeräuschen durch das Fenster. Am dunkel werdenden Himmelskreis steigen Flugzeuge auf und nieder. Diese Lebensfunken sind von neuem unterwegs, auf der Suche nach Neuem, streben zu neuen Höhepunkten, Idealen. Dieses Land ist gastfreundlich zu mir, wenn auch der „Kampf mit Sand in einer Oase" unvermeidlich ist.

Ich möchte allen Emigranten ein bisschen mehr Licht in ihrem Leben wünschen: Lieben und erinnern, aber nicht werden wie „Schatten im Paradies"!

Anna Skorobogatova (18 Jahre)
(Übersetzung aus dem Russischen)

8. Freunde sind das Wichtigste im Leben!

Mit der Hilfe meiner Familie und meiner Freunde

Mein Leben war nicht lustig, weil es nur einen Weg hatte, und zwar den falschen. Mein Leben verlief nicht sehr gut, denn ich geriet in die falsche Szene. Ich hatte plötzlich mit Drogen, Prostituierten und der Polizei zu tun. Es war so, als ob mich jemand auf meinem Weg festhalten würde. Es war ein Teufelskreis. Jedoch kam ich mit Hilfe meiner Familie und meiner Freunde auf den richtigen Weg. Ich habe es geschafft! Das dreijährige Leben in der Szene bin ich endlich los. Nun bin ich dabei, meinen Realschulabschluss zu machen. Ich bin glücklich, denn nun weiß ich, was der gute und der schlechte Pfad des Lebens ist.

In der Zukunft möchte ich mir ein schönes Leben machen. Ich möchte einen technischen Beruf erlernen und eine Familie gründen. Dazu möchte ich meine Kinder so erziehen, dass sie nicht das erleben, was ich im Leben durchmachen musste.

Mounir Rhamsoussi (16 Jahre)

Der kleine Ali

Der kleine Ali ist mit seiner Familie nach Deutschland gekommen, weil sie in ihrem Heimatland verfolgt worden sind. Hier in Deutschland war für Ali alles neu, die Kultur, die Sprache, er hat sich einfach fremd gefühlt. Er musste schnell die deutsche Sprache lernen, damit er eine vernünftige Schulausbildung machen konnte.

In der Schule haben die Kinder Ali verachtet. Keiner wollte was mit ihm zu tun haben. Da er kaum Deutsch sprach, lachten sie ihn oft aus. Als die Eltern mitbekamen, dass ein ausländischer Junge in die Klasse gekommen war, waren sie davon nicht begeistert. Sie wollten, dass Ali die Schule verlässt, da sie Angst hatten, dass er durch seine Kultur ihre Kinder beeinflusst. Ali war gegenüber den anderen Kindern sehr aggressiv, weil sie ihn in seiner Kultur beleidigten. Sie beleidigten seine Eltern, da diese viele Kinder hatten, und meinten zu ihm, dass er stinke, weil bei ihm zu Hause anders gekocht wurde.

Nachdem Ali die deutsche Sprache besser erlernt hatte, konnte er seinen Mitschülern seine Kultur erklären, so dass sie ihn besser verstehen konnten. Und sie verstanden ihn besser, weil sie ihm zuhörten und begriffen, dass man kein schlechter Mensch ist, wenn man eine andere Kultur hat.

Nach einiger Zeit haben die Mitschüler Alis Kultur akzeptiert und mit ihm Freundschaft geschlossen.

Michaela Dietz (15 Jahre)
Vanessa Dütsch (15 Jahre)

Das Band der Freundschaft

Als ich in der sechsten Klasse sitzen geblieben bin und daraufhin in die Klasse kam, fühlte ich mich alleine und total fremd. Ich wusste nicht, wie ich mich in die neuen Gruppe integrieren sollte. Denn ich hatte noch niemanden dort, den ich kannte. Nach einiger Zeit kamen jedoch einige Klassenkameraden auf mich zu und unterhielten sich mit mir. Nach und nach lernte ich diese Leute besser kennen. Wenn ich meine damaligen Klassenkameraden heute sehe, freue ich mich sehr. In ihrer Nähe fühle ich mich richtig wohl. In der Zeit, die ich mit ihnen verbracht habe, ist ein richtiges Band der Freundschaft zwischen uns entstanden.

Michael Erdinc (18 Jahre)

Manchmal sitze ich traurig in meinem Zimmer

Hallo, ich heiße Alexander Besel und bin 13 Jahre alt. Ich komme aus Russland. In Deutschland wohne ich schon seit zwei Jahren. Ich fühle mich hier sehr wohl. Zwar greifen mich manchmal aggressive Türken an, doch fühle ich mich trotzdem sicher. Ich bin nach Deutschland gekommen, weil hier alle meine Verwandten wohnen. Wenn ich eine Wahl hätte, dann würde ich in Russland bleiben. Ich weiß, dass ich dort keine gute Ausbildung bekommen würde. Dafür aber wären meine Freunde neben mir. Ich will nicht sagen, dass Russland schöner als Deutschland ist. Es gibt dort viele schöne Plätze, aber auch viele abschreckende Gegenden.
Ich lebe gerne in Deutschland und reise sehr gerne nach Russland. Aber nur zum Urlaub. Die Lebensbedingungen sind dort zu streng. Darum sind die Menschen auch unfreundlicher. Manchmal fühle ich mich missverstanden in Essen, das liegt vielleicht an meinem Akzent. Ich habe hier sehr viele Freunde, weil ich in einer Sportmannschaft spiele. Wenn wir gerade bei dem Thema sind: unsere Mannschaften sind besser organisiert als die in Russland. Manchmal sitze ich traurig in meinem Zimmer und vermisse meine Freunde.

Alexander Besel (13 Jahre)
(Übersetzung aus dem Russischen)

Das Wichtigste im Leben

Neben der Familie sind Freunde das Wichtigste im Leben. Sie sind für einen da! Man kann mit ihnen reden, lachen und weinen. Ob weiß oder schwarz, alle Menschen sind gleich. Menschen, die im Krieg leben, sind arm und einsam. Viele von ihnen brauchen Freunde, weil sie ihre Familie verloren haben. Jeder Mensch braucht Liebe, Wärme und ein Gefühl der Zusammengehörigkeit. Auch Menschen, die woanders herkommen oder eine andere Religion haben, haben das Recht, Freunde zu haben und geliebt zu werden.

Nadine Kowatzki (15 Jahre)

Komplizierte Hochzeitsplanung

Meine Freundin Daniela bat mich neulich um Rat, denn sie hatte ein Problem: Daniela ist sehr in einen Mann namens Mohammed verliebt. Die beiden sind so glücklich zusammen, dass sie unbedingt heiraten und Kinder miteinander haben wollen. Jetzt kommt wohl die Frage: „Wo liegt das Problem?" Ganz einfach: Daniela ist evangelisch. Mohammed dagegen ist islamischen Glaubens. Seit Wochen haben die beiden nur noch einen Diskussionspunkt. Wo heiraten? Wie heiraten? Und vor allem: Wie sollen wir die Kinder erziehen? Daniela möchte ihre Kinder evangelisch erziehen, weil sie den Islam zu streng findet. Demnach müssten die beiden auch evangelisch getraut werden, aber Mohammed ist dagegen. Er ist islamisch erzogen worden, und dem Islam nach muss er auch seine Kinder islamisch erziehen, weil der Islam zwar der Ehefrau Religionsfreiheit gewährt, nicht aber den Kindern. Die Kinder sollen in ihrem Vater ein gutes islamisches Vorbild sehen.

In der Bedeutung der Heirat sind sich zum Glück beide einig: Die Trauung ist ein Zeichen der Liebe. Das Paar geht damit einen Bund ein, der nie enden soll! Deshalb versteht Mohammed nicht, warum Daniela so gegen eine islamische Trauung ist. Aber sie möchte doch auch so gerne in einer evangelischen Kirche heiraten. Dort ist ihr alles vertraut, dort kennt sie sich aus. Die islamischen Trauungen finden meistens in der Wohnung der Eltern des Bräutigams oder der Braut statt. Da Daniela gerne alle ihre Freunde dabei hätte, ist in den Wohnungen beider Eltern nicht genug Platz. Allerdings lehnt sie die Trauung in der Moschee instinktiv ab. Dort ist ihr alles fremd, dort würde sie sich nicht wohlfühlen!

Eine Hochzeit ist ein unvergessliches Erlebnis! Sie sollte für beide schön sein. Aber wenn Daniela und Mohammed sich nicht einigen können, wird es wohl noch lange dauern, bis sie endlich den Bund der Ehe schließen können.

Sabrina Grob (17 Jahre)

Unsere Liebe ist stärker

Ich erinnere mich noch genau an den Tag, an dem wir uns kennen lernten. Seitdem sind fast drei Jahre vergangen. Ich bin Deutsche, mein Verlobter stammt aus Sri Lanka und lebt seit elf Jahren hier in Deutschland. Trotz unserer verschiedenen Hautfarben, Kulturen, Sitten und Gebräuchen sind wir sehr glücklich miteinander. Wir leben zusammen in der Stadt Essen. Sie ist unsere Heimat. Wir würden nirgendwo anders sein wollen, denn hier fühlen wir uns verstanden. In dieser Stadt fühlen wir uns wohl, ... Aber nur, wenn wir zu Hause sind! Schon kurz nach dem Verlassen des Hauses entsteht ein merkwürdiges Gefühl. Es begleitet uns schon seit dem Tag, an dem wir uns kennen lernten. Ich kann es kaum beschreiben ...., es ist ein Gefühl von Unwohlsein! Egal, an welchem Ort, egal, zu welcher Zeit, egal, was wir gerade machen ...: die anderen Leute beobachten uns. Sie starren uns an mit Gesichtern voller Abneigung! Sie tuscheln und flüstern oder schütteln die Köpfe. Es kommt nicht selten vor, dass sie auf uns zeigen und etwas Abwertendes von sich geben. In diesen Momenten fühlen wir uns fremd. Fremd in unserer eigenen Heimatstadt, in der wir schon solange leben!
Ich sehe aus dem Fenster, ich sehe die Leute und wie freundlich sie doch wirken. Warum stößt man bei ihnen auf solche Feindlichkeit? Warum lehnen sie ein Zusammenleben von Schwarz und Weiß so

konsequent ab? Wir wollen doch auch nur in Frieden leben in unserer Stadt!

Dass die Leute uns akzeptieren, wird wohl nicht in naher Zukunft zu erreichen sein. Somit wird sich unsere Lebenssituation leider so schnell nicht ändern. Bis dahin müssen wir für unsere Akzeptanz kämpfen und stark sein. Unsere Liebe ist sowieso allemal stärker als jegliche Diskriminierung!

Melissa Kuhn (18 Jahre)

Freunde

Freunde sind immer da,
sind sie mal weg, so sind sie doch ganz nah.
Freunde sind immer da zum Lachen,
mit ihnen kann man komische Dinge machen.
Freunde geben dir stets Rat,
doch freuen sie sich nicht über Verrat.
Ihre Blick reichen bis in die Weite,
doch stehen sie dir stets zur Seite.

Kommt einer von ihnen aus einem anderen Land,
so mache dich damit bekannt.
Hat seine Haut ´ne andere Farbe,
behandele ihn nicht wie ein Rabe.
Hat er eine andere Kultur,
so lebe mit ihm das Leben pur.
Egal, ob arm, ob reich oder auch nicht,
Hauptsache ist, dass nicht die Freundschaft bricht.

Sarah Paul (15 Jahre)
Veronika Slabu (16 Jahre)

Ich brauche dich

Ich brauche jemanden,
    mit dem ich lachen kann.
Ich brauche jemanden,
    dem ich vertrauen kann.
Ich brauche jemanden,
    bei dem ich mich anlehnen kann.
Ich brauche jemanden,
    mit dem ich reden kann.
Ich brauche jemanden,
    mit dem ich weinen kann.
Ich brauche jemanden, den ich lieben kann.

Jemanden wie DICH!

Ich brauche niemanden,
    der mich vor anderen runtermacht.
Ich brauche niemanden,
    der mein Vertrauen bricht.
Ich brauche niemanden,
    der mich andauernd versetzt.
Ich brauche niemanden,
    der mich auslacht.
Ich brauche niemanden,
    der mich ausnutzt.
Ich brauche niemanden,
    der mich ohne Grund hasst.

Und dass nur, weil ich ANDERS bin!

Jennifer Saal (14 Jahre)

Falsche Freunde

Gute Freunde zu haben, ist ´ne wichtige Sache, /
Doch ich frag´ mich, warum ich immer schlechte
Erfahrungen mache. /
Ich hatte viele Freunde, viele Kollegen und musste
erkennen, dass sie keinen Wert auf mich legen. /
Mich belügen, mich beklauen, mich hintergehen
wegen Frauen. /
Anfangs kam ich nicht damit klar, keiner war mehr
für mich da. /
Auf einmal heißt es, Rico wird ein Star bei AK. /
Die Leute kommen wieder an, meinen, wir waren
Homies[1] 15 Jahre lang. /
Waren zusammen am Start, für solche Typen hab
ich nur Punchlines[2] parat. /
Vielleicht klingt es hart, doch es ist zu viel geschehen, /
Keiner wollte mittags mit mir ins Kino gehen. /
Keiner hat mir geholfen bei Beef[3], /
Mit falschen Freunden geht das Leben halt schief./
Drauf geschissen, langsam geht es wieder bergauf,
ich habe Konzerte, geh in die City und kauf´ mir
neue CDs, neue Klamotten, geh auf Hip Hop Jams[4],
um die Halle zu rocken. /

---

[1] anderes Wort für Freunde
[2] Satz, in dem man sofort auf den Punkt kommt
[3] anderes Wort für Streit
[4] Konzert mit mehreren Künstlern

Nicht um in der Ecke zu stehen und Drogen zu nehmen, / mein Ziel ist es, auf dem Juice Cover zu stehen.

Enrico Schneider (15 Jahre)

Mit Freunden abhängen

Außerhalb der Schule mit Freunden abhängen
    Benimmt sich oft daneben, aber alles in
Grenzen
Kollegen sind mir sehr wichtig
    Deutsche Staatsangehörigkeit
Essen ist meine Heimat
Fußball mein größtes Hobby
    Geht oft mit seinen Freunden feiern
    Hat häufig mal nicht in der Schule aufgepasst
Ich liebe meine Eltern
    Jeder kann mit ihm klar kommen
Kann richtig romantisch sein
    Legt großen Wert aufs Aussehen
    Macht viel Mist, ist aber ein netter Mensch
    Nimmt sich viel für die Zukunft vor
Oma und Opa sind mir sehr wichtig
    Playstation und X-Box sind sein Ein und Alles
    Auf Qualität bei Klamotten achtet er
Der Realschulabschluss ist mir wichtig
Schauspielern ist ein toller Beruf
    Total verrückt
    Urlaubt sehr oft und überall hin
    Von Geburt an sehr sportlich
    Will immer gewinnen

Tim Grindan (16 Jahre)

9. Nachgedanken

Fremd und doch daheim? Eine Gratwanderung nicht nur zwischen den Kulturen

Fremd und doch daheim? Das ist ein Thema, das die Kinder und Jugendlichen in Essen betrifft. Und nicht nur sie. Wie sie denken und fühlen viele ihrer Altersgenossen, egal, wo sie geboren wurden und aufwachsen. Es ist charakteristisch für sie alle. Was die jungen Autorinnen und Autoren hier aufgeschrieben haben, ist natürlich nicht repräsentativ, es ist jedoch sehr persönlich und ehrlich. Präzise und schnörkellos schildern sie, wo sie „der Schuh drückt", was ihnen gefällt und was nicht. Manchmal mit einfachen Worten, manchmal aber auch schon recht differenziert. Erstaunlich, welche Kraft und innere Stärke in vielen ihrer Texte zum Ausdruck kommt. Es ist deutlich: Diese Kinder und Jugendlichen haben ein ungeheures Potential, das Hoffnung weckt. Sie wollen ihr Leben in die eigene Hand nehmen und die Schwierigkeiten bewältigen, die sich ihnen entgegenstellen. Sie wollen eine selbstbestimmte Zukunft gewinnen.

Zu erkennen ist aber auch, wie sehr ihr Leben für sie eine Gratwanderung ist, wie leicht sie abstürzen können. Die biographischen Brüche und die daraus resultierenden seelischen Verletzungen, die in manchen Texten durchscheinen, sind groß. Sie vernarben nur schwer, vor allem dann, wenn die Betreffenden nicht genügend seelisch gestützt werden und sich allein gelassen fühlen. Logisch, dass es in vielen Texten nicht darum geht, persönliche Visionen zu entwickeln, sondern darum, die eigene Gegenwart zu bewältigen.

Viele Kinder und Jugendliche, die in Essen wohnen, fühlen sich wohl in dieser Stadt und haben sie auch innerlich als ihre Heimat angenommen. Andere wiederum bemühen sich darum, in ihr heimisch zu werden, trotz mancher Kritik, die sie äußern. Die Stadt ist ihr Zuhause, sie setzt ihnen den Rahmen, in dem sie aufwachsen, und eröffnet ihnen Zukunftsperspektiven. Das gilt für diejenigen, die in ihr geboren wurden, genauso wie für diejenigen, die sich erst später mit ihren Eltern in ihr niedergelassen haben.

Gleichwohl zeigt die Anthologie auch, dass es vielen Kindern und Jugendlichen schwer fällt, in Essen Fuß zu fassen. Das hat im Wesentlichen drei Gründe:

Zum einen liegt es daran, dass viele der jungen Autorinnen und Autoren sich in der Pubertät befinden, also in einer psychosozialen Entwicklungsphase, in der sie per se auf der Suche nach ihrer persönlichen Identität sind. Sie hinterfragen alles und jedes, jede Instanz und jedes Identifikationsangebot. Und so kommt auch das auf den Prüfstand, was sie mit Heimatgefühl und Fremdsein verbinden. Es ist geradezu ihr Thema, das sie unmittelbar betrifft. In besonderer Weise ist das bei den Kindern und Jugendlichen zu sehen, die aus Migrantenfamilien stammen. Sie müssen sich ja neben dieser entwicklungsbedingten Problematik auch noch mit den kulturellen Brüchen auseinander setzen, die sie erlebt haben und noch erleben. Woher komme ich? Wohin gehe ich? Welcher Lebensweg ist der richtige für mich? Was mache ich mit meiner kulturellen Tradition? Hat sie Bestand in meiner neuen Umgebung oder muss ich mit ihr brechen? Welchen Sinn kann ich in meinem Leben finden? Es sind tiefgreifende Fragen, die sie bewusst oder unbewusst umtreiben und auf die sie ihre Antwort finden wollen.

Zum anderen müssen viele Kinder und Jugendliche traumatische Erlebnisse verarbeiten, die sie bis in ihre Grundfesten erschüttert haben. Etwa, wenn ein Familienangehöriger gestorben ist, ihr bisheriges sozialkulturelles Gefüge für sie nicht nachvollziehbar zerstört wurde oder gar die Familie auseinander bricht. Gerade hier wird deutlich, wie bewusst sie vielfach das, was um sie herum geschieht, wahrnehmen und wie tief sich diese Veränderungen in ihre Seele einfressen und einbrennen. Sie fühlen sich von ihren Familien allein gelassen, sind hilflos und wissen nicht, wie sie mit dem Erlebten umgehen sollen. Das Auseinandergerissenwerden, die Erfahrung des Verlusts, der Bruch, ist für sie eine dramatische Erfahrung, die bleibende Spuren hinterlässt, wenn es nicht gelingt, Brücken zu ihnen zu schlagen, wie es Rabih Semmo so schön formuliert (vgl. S.174).

Schließlich finden sich Kinder und Jugendliche oftmals nicht in Essen zurecht, weil diejenigen, die mit ihnen leben, schwerwiegende Fehler machen, Schwierigkeiten nicht richtig einschätzen oder auch falsche Schlussfolgerungen ziehen. Wenn etwa Eltern beim Aufbau ihrer Existenz sich zu sehr mit sich selbst beschäftigen; wenn Lehrende oder andere pädagogisch Tätige nicht sehen, worunter die ihnen Anvertrauten leiden; wenn politisch Verantwortliche nicht die notwendigen Rahmenbedingungen schaffen; usw. Was hier Heranwachsende erfahren und wie sehr manche von ihnen um ihre „Existenzberechtigung" kämpfen müssen, ist erschütternd. Es tut richtig weh. Die Bankrotterklärungen der konkret Verantwortlichen sind nicht zu übersehen.

Wie aber kann es erreicht werden, dass sich Kinder und Jugendliche in Essen oder anderswo zuhause fühlen? Wie kann ihre Integration gelingen? Auch darüber geben die Texte Auskunft. Wichtig ist dabei, so banal und selbstverständlich es klingt, zunächst einmal, dass trotz aller pubertären Konflikte die Kommunikation zwischen ihnen und den Erwachsenen gelingt. Der Kontakt darf nicht abbrechen, sondern muss immer wieder neu gesucht werden. Der Gesprächsfaden darf nicht reißen. Das erfordert von allen Beteiligten Geduld, Beharrlichkeit und Flexibilität. Doch es lohnt sich. Denn auf diese Weise können die Kinder und Jugendlichen schrittweise eine seelische Basis aufbauen, die sie stützt und trägt. Eine wichtige Voraussetzung ist dabei allerdings, dass sie die Grundlagen der deutschen Sprache beherrschen. Denn vielen Schwierigkeiten kann schon allein dadurch wirksam begegnet werden. Gerade kleinere Kinder wissen oft nicht, wie sie zurechtkommen sollen, weil sie im Kindergarten oder in der Schule wichtige Details nicht verstehen bzw. es zu Missverständnissen kommt. Sie können sich nicht wehren und werden schnell an den Rand gedrängt. Sie werden zu Außenseitern, und dann nimmt, wie etwa Wilhelm Eisfeld in seinem Text erzählt (vgl. S.94), das Schicksal seinen Lauf mit unübersehbaren Folgen für das Kind.

Das von Bundestag und Bundesrat beschlossene Zuwanderungsgesetz schreibt inzwischen verpflichtende Sprachkurse für alle vor, die nach Deutschland einwandern. Das reicht jedoch für die Kinder und Jugendlichen aus den Migrantenfamilien nicht aus. Sie müssen auf diesem ersten Grundlagenwissen aufbauen können, wenn sich ihre Bildungs- und Berufschancen in Deutschland nachhaltig verbessern sollen. Darauf ist das deutsche Bildungssystem aber nicht ausreichend vorbereitet. „Deutsch als Zweitsprache" ist vielfach bloß ein eigener Studiengang, bei dem man sich als Lehramtsstudent an der Universität eine Zusatzqualifikation erwerben kann, nicht jedoch integrierter Bestandteil der Lehrerbildung mit verpflichtendem Charakter. Kaum ein Deutschlehrer kann mit den speziellen sprachlichen Lernschwierigkeiten, die die Kinder aus den Einwandererfamilien der ersten, zweiten und dritten Generation haben, angemessen umgehen. Schon gar nicht in den höheren Klassen oder gar in der gymnasialen Oberstufe. Viele Heranwachsende werden auf diese Weise schnell zu Grenzgängern, und das rächt sich vor allem in den Ballungsgebieten, in denen sie wohnen.

Wichtig ist es für die Kinder und Jugendlichen dann, dass sie sich mit ihrer persönlichen Lebenswelt in den Bildungsprozessen wiederfinden, die ihr Leben maßgeblich bestimmen. Dies ist ein Standard in der Schuldidaktik, eine Selbstverständlichkeit, die aber für diejenigen, die aus Migrantenfamilien stammen, alles andere als selbstverständlich ist. Ihre Kultur können sie zwar oftmals in ihren Kulturvereinen tradieren, doch taucht diese viel zu wenig in den schulischen Zusammenhängen auf. Wenn, dann vielleicht als exotisches Beiwerk, kaum jedoch als die deutsche Kultur mitgestaltendes Moment. Das belegt schon ein Blick auf den Literaturkanon, den die Schülerinnen und Schüler im Deutschunterricht zu bearbeiten haben. In ihm spielen Autorinnen und Autoren, die Migrationsprozesse verarbeiten, kaum eine Rolle, obwohl es unter ihnen literarisch anerkannte Persönlichkeiten und auch viele Talente gibt. Man denke nur an die deutsch–rumänische Schriftstellerin Herta Müller, an die deutsch–türkischen Literaten Feridun Zaimoğlu und Osman Engin oder an die im Literaturkreis der Deutschen aus Russland zusammengeschlossenen Autoren.

Aber auch unabhängig davon werden interkulturelle Bezüge im Unterricht eher an den Rand gedrängt, obwohl gerade sie oftmals künstlerische Entwicklungen vorantreiben. So hat bekanntlich Gotthold Ephraim Lessing seine *Miss Sara Sampson* und damit das deutsche bürgerliche Trauerspiel vor dem Hintergrund von Lillos *The London Merchant* entwickelt. Für Rainer Maria Rilke ist Russland die geistige Heimat gewesen. Es habe ihn zu dem gemacht, was er sei, erklärt er nach seinen beiden Russlandreisen am 5. März 1902 in einem Brief gegenüber dem Journalisten und Herausgeber der *Nowoje wremja* Alexej S. Suworin. Geradezu eine multikulturelle Literaturlandschaft wiederum hat sich im 19. und 20. Jahrhundert in der Bukowina herausgebildet, auch das ist nicht neu. Die Namen Paul Celan und Rose Ausländer sprechen für sich.

Dass solche interkulturellen Zusammenhänge wie diese nicht genügend thematisiert und die Verbindungslinien nur unzureichend aufgezeigt werden, liegt daran, dass die deutsche Kultur in der Schule vielfach nur als Bildungskonserve in Erscheinung tritt und nicht als sinnstiftende, lebendige Kraft, die die Gegenwart gestalten kann und zukunftsoffen ist. Kinder und Jugendliche mit Migrationshintergrund haben es deshalb sehr schwer, sich in Deutschland, in Essen, zu verwurzeln und eine neue Heimat zu finden. Sie finden keine Anknüpfungspunkte für sich und ihr Leben und fühlen sich ausgeschlossen. So manches Gefühl des Fremdseins und so manches Bedürfnis, sich abzugrenzen und die eigene Herkunft zu betonen, findet dadurch eine Erklärung.

Notwendig ist es darüber hinaus auch, dass die Kinder und Jugendlichen auf dem Weg ins Erwachsenenalter ein historisches Bewusstsein von sich selbst entwickeln, um sich zu orientieren. Das gilt für sie alle, egal, woher sie stammen. Kerstin Wüsten spricht das in ihrem Text auf Essen bezogen direkt an (vgl. S.25). Sie setzt sich mit der Frage auseinander, wie sich Geschichtlichkeit in einer Stadt konkret fassen lässt, die im Zweiten Weltkrieg wie andere deutsche Städte auch total zerstört wurde. Welche Möglichkeiten bleiben Kindern und Jugendlichen heute, sich selbst mit ihrer Familientradition geschichtlich zu begreifen, wenn die Stadtlandschaft dafür nur wenige äußere Anhaltspunkte bietet? Auch fehlende Möglichkeiten, sich selbst im historischen Kontext zu sehen, beeinflussen die Identitätsbildung, weil bestimmte „Reibungsflächen" erst gar nicht entstehen und ihre Wirkung entfalten können. Sie werfen die Heranwachsenden auf sich selbst zurück.

Wer aus einer anderen Kultur kommt und aus einem anderen Land nach Essen gezogen ist, für den stellt sich diese Problematik noch sehr viel intensiver. Denn er findet historische Anknüpfungspunkte in der Regel nur noch bei seinen engsten Verwandten, die mit ihm nach Deutschland gekommen sind, oder bestenfalls bei den Kulturvereinen seiner ursprünglichen Heimat. Wie aber kann er für seine Biographie ein historisches Bewusstsein gewinnen, das ihn trägt und das ihm Identifikationsmöglichkeiten in Deutschland bietet? Das ihm hilft, sich in seiner neuen Heimat zu verwurzeln? Was passiert, wenn seine Eltern oder Großeltern ihm nicht mehr erklären können oder wollen, woher er stammt und was das für ihn bedeutet? Was ist, wenn die Bindekraft seiner mitgebrachten Tradition verloren geht und er in Deutschland nichts Adäquates findet, was an diese Stelle tritt? Und was passiert, wenn er sich stattdessen aus der deutschen Kultur zurückzieht, um so seine mitgebrachte doch noch zu bewahren? In beiden Fällen ist ein existentielles Scheitern fast vorprogrammiert, das Gewalt gegen sich oder andere nach sich ziehen kann und auch nach sich zieht. Es ist daher unbedingt notwendig, gerade an diesen Stellen mit Kindern und Jugendlichen sehr konkret Biographiearbeit zu leisten. Es gilt, Brücken zu ihnen zu bauen, damit sie sich in Deutschland, in Essen, eine wirklich sinnstiftende Existenz aufbauen können, die sie innerlich trägt.

Wie sehr der Selbstfindungsprozess für Heranwachsende eine Gratwanderung ist, zeigen die Autorinnen und Autoren, die sich intensiv mit Fragen des Todes beschäftigen. Dass sie dies tun, ist altersgemäß notwendig und gehört mit zum Erwachsenwerden. Es wird jedoch durch die Grenzerfahrungen verstärkt, die viele von ihnen machen müssen. Die Auseinandersetzung mit dem Tod ist insofern bei ihnen in besonderem Maße Ausdruck und Spiegel der Jugendkrise (Erik H. Erikson), in der sie sich gerade befinden oder befunden haben. Kinder und Jugendliche sind in der Regel die Opfer bei den inneren und äußeren Wanderprozessen, die sie durchleben. Ihre persönliche Befindlichkeit war nicht ausschlaggebend dafür, dass ihre Eltern mit der ganzen Familie nach Deutschland gekommen sind, um in Essen Fuß zu fassen. Es ist vielmehr die persönliche, politische oder auch wirtschaftliche Situation in der alten Heimat gewesen, die sie aufbrechen ließ. Dabei setzen die Eltern eher auf eine mittelfristige Perspektive. Das heißt: Sie nehmen zusätzliche Schwierigkeiten für ihre Kinder in Kauf, weil sie sich auf längere Sicht für sie eine bessere Perspektive in Deutschland erhoffen. Sie stellen „den Wechsel" also für die Zukunft aus, in der Hoffnung, dass er dann auch mit Gewinn eingelöst werden kann.

Sich nicht fremd zu fühlen, ein Zuhause zu haben, das ist für Kinder und Jugendliche lebensnotwendig. Sie brauchen diese Sicherheit, weil sie ihnen Halt bietet, einen Ausgangspunkt, von dem aus sie ihr eigenes Leben entwickeln können. Was sie mit der Vorstellung, sich daheim zu fühlen, verbinden, deuten die Autorinnen und Autoren im letzten Teil der Anthologie an. Es bedeutet für sie, echte Freunde zu haben, Partner, die für sie einstehen, die sie verstehen. Und vor allem: die sie nicht im Stich lassen. Sie brauchen den seelischen Rückhalt trotz aller pubertären „Achterbahnfahrten". Geduld. Klare Linien. Eine echte Perspektive. Manchmal sogar eine zweite Chance. Nur dann können sie sich wirklich in unsere Gesellschaft integrieren. Nur dann können sie ihre Gegenwart bewältigen und eine sinnvolle Zukunft gewinnen. Das gilt für sie alle, ganz egal, wo sie herkommen und wo sie geboren sind.

Die Stadt Essen bietet „ihren" Kindern und Jugendlichen eine ganze Menge, doch reicht das nicht aus, wenn das Entscheidende fehlt: die persönliche menschliche Herzenswärme. Trotz aller positiven und vielleicht auch beeindruckenden Ansätze ist hier „die Baustelle", die immer wieder mit darüber entscheidet, wie zukunftsfähig die Stadt tatsächlich ist. Denn nur ihre persönliche Herzenswärme führt Menschen so konsequent zu den Heranwachsenden hin, dass diese sich selbst in Bewegung setzen und sich einbinden lassen. Nur durch sie entsteht das wechselseitige Vertrauen, der gesellschaftliche „Kitt", der unsere Gesellschaft zusammenhält und vorwärtsbringt. Daran müssen alle mitarbeiten, die mit Kindern und Jugendlichen zu tun haben. Wieder und immer wieder. Auf welcher Ebene auch immer. Und dazu leistet auch die Anthologie *fremd und doch daheim* auf ihre Weise einen Beitrag.

Artur Nickel

Dank

Wir danken als Herausgeber allen, die dieses Buch ermöglicht haben, insbesondere Sabine Schnick, der Leiterin der Jugendbibliothek Essen, die sich an der Auswahl der Texte und am Korrekturlesen beteiligt hat.

Unser Dank gilt auch den Pädagoginnen und Pädagogen, die die ihnen anvertrauten Kinder und Jugendlichen im Unterricht und anderswo zum Schreiben ermutigt haben.

Bedanken möchten wir uns ebenso ganz herzlich bei der G.D. Baedeker Stiftung Essen, die durch ihre großzügige Spende dafür gesorgt hat, dass das Buchprojekt realisiert werden konnte, wie auch bei dem Leiter des Geest–Verlages Alfred Büngen, der uns mit Rat und Tat unterstützt hat.

Vor allen anderen aber gilt unser Dank jedoch den Kindern und Jugendlichen, die sich an diesem Wettbewerb beteiligt haben.

Sie haben Großes geleistet!

Friederike Köster
Artur Nickel

Anhang

Die Herausgeber

Friederike Köster

Geb. 1967; Studium der Kommunikationswissenschaften, Kunstwissenschaften und Marketing an der Universität - Gesamthochschule Essen, M.A., Wissenschaftliche Mitarbeiterin und Projektmanagerin im Netzwerk Lernwelt Essen. Zuständig für die systematische Verknüpfung von Schule und Kultur in der KulturLernwelt.

Artur Nickel

Geb. 1955; Autor und Lehrer in Essen; Promotion über Hans Werner Richter und die Gruppe 47; Gründer des *EssenerKulturGesprächs* und Initiator der *Essener Autorenschule* an der Erich Kästner–Gesamtschule; Mitglied der Lyrikfreunde in Wien; literarische Veröffentlichungen in Zeitschriften und Anthologien.

Die Autorinnen und Autoren

Hannappel, Victoria (17 Jahre)	42
Hill, Marvin Sunny (15 Jahre)	23
Hoff, Inna (16 Jahre)	72
Karaoglan, Derya (16 Jahre)	81
Kaynak, Inci (19 Jahre)	139
Khalil, Rahel (20 Jahre)	144
Kotzum, Peter (18 Jahre)	109
Kowatzki, Nadine (15 Jahre)	186
Krzywda, Jessica (15 Jahre)	122
Kuhn, Melissa (18 Jahre)	189
Makkar, Riti (19 Jahre)	131
Matumona, Sandra (18 Jahre)	141
Matweta, Dan (14 Jahre)	70
Meier, Jan (20 Jahre)	159,170
Merzai, Freshta (14 Jahre)	57
Mohammad, Bahram (14 Jahre)	80
Monyka, Martin (14 Jahre)	82
Naima, Amani (9 Jahre)	83
Ossayli, Rasha (18 Jahre)	61
Otto, Jasmin (16 Jahre)	151
Papke, Bianca (17 Jahre)	46
Paul, Sarah (15 Jahre)	191
Peters, Charlotte (18 Jahre)	39
Rach, Alex (17 Jahre)	103
Ramadan, Rawan (10 Jahre)	120
Rhamsoussi, Mounir (16 Jahre)	181
Rettka, André (18 Jahre)	92
Romdhami, Salim (15 Jahre)	119
Saal, Jennifer (14 Jahre)	192
Salut, Angela (19 Jahre)	127
Samsonowa, Daria (15 Jahre)	55

Schneider, Enrico (15 Jahre) 194
Schneider, Karina (17 Jahre) 27
Schrade, Denise (17 Jahre) 110
Schwartz, Christian (19 Jahre) 22
Semmo, Rabih (16 Jahre) 125,174
Shafeghati, Narges (12 Jahre) 36
Sharma, Arnil (15 Jahre) 53
Shvartsmann, Lilya (14 Jahre) 66
Siala, Mohamed (19 Jahre) 152
Sivapalan, Karthiga (14 Jahre) 68
Skorobogatova, Anna (18 Jahre) 175
Slabu, Veronika (16 Jahre) 191
Stadie, Florian (18 Jahre) 113,167
Stahlhut, Lena (19 Jahre) 104
Szymanski, Marie (16 Jahre) 165
Urban, Doreen (17 Jahre) 44
Uzun, Ertunc (16 Jahre) 78
Wüsten, Kerstin (17 Jahre) 25
Yildiz, Yonca (13 Jahre) 41,156
Yilmaz, Seray (14 Jahre) 77
Zumbusch, Florian (17 Jahre) 88